DOCUMENTS INÉDITS.

DOCUMENTS INÉDITS

POUR SERVIR A L'HISTOIRE

DE L'ANCIENNE

ACADÉMIE ROYALE DES BELLES-LETTRES

DE CAEN;

ANNOTÉS ET PUBLIÉS

PAR

A. B. R. DE FORMIGNY DE LA LONDE,

MEMBRE DE LA SOCIÉTÉ FRANÇAISE POUR LA CONSERVATION DES MONUMENTS,
ET DE L'ASSOCIATION NORMANDE.

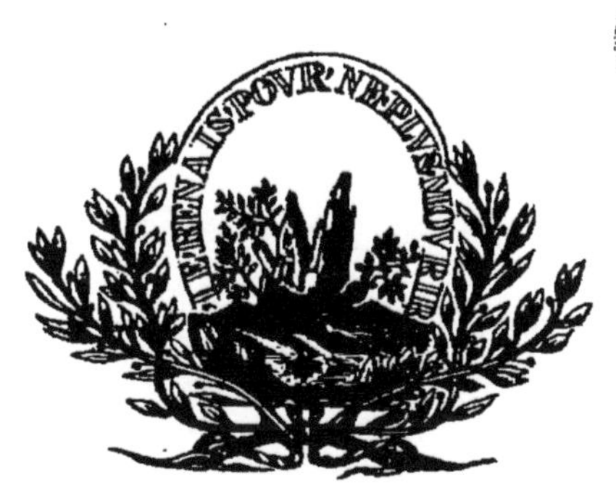

CAEN,

TYP. DE A. HARDEL, SUCC. DE T. CHALOPIN,
IMPRIMEUR DE L'ACADÉMIE ET DES SOCIÉTÉS SAVANTES,
Rue Froide, 2.

M D CCC LIV.

A MESSIEURS LES MEMBRES

DE L'ACADÉMIE

DES SCIENCES, ARTS ET BELLES-LETTRES

DE CAEN.

Messieurs les Académiciens,

Il y a quelques années, Mr Latrouette élevait la voix, au milieu de vous, pour remettre en lumière les travaux variés et le dévouement au bien public d'un Membre de l'ancienne Académie des Belles-Lettres; et par suite exprimer un vœu que vous avez favorablement accueilli.

Permettez-moi donc, Messieurs les Académiciens, de vous offrir, aujourd'hui, ces DOCUMENTS INÉDITS pour servir à l'histoire de l'illustre société dont vous faites partie, comme un gage de la reconnaissance que m'inspirent la bienveillance et le zèle avec lesquels vous avez contribué à faire rendre un hommage public à la mémoire de mon trisaïeul

FRANÇOIS-RICHARD DE LA LONDE.

Je profite de cette circonstance pour remercier de nouveau M. Latrouette de son excellente NOTICE comme l'a qualifiée dernièrement M. Charma, auquel je dois aussi des remercîments pour les communications qu'il a bien voulu me faire, et qui m'ont permis d'ajouter encore à ce que j'avais déjà de documents historiques sur l'ancienne Académie.

Cependant, Messieurs les Académiciens, je

ne voudrais pas, quand même je le pourrais, m'acquitter entièrement de la reconnaissance que je vous dois; car ce serait restreindre dans d'étroites limites cette douce affection du cœur, et lui enlever ainsi ce qui fait tout son prix. Loin de moi toute pensée qui tendrait à m'en affranchir. Je conserve et conserverai toujours un souvenir si précieux pour moi, et je prends la liberté,

Messieurs les Académiciens,

De me dire votre tout dévoué

A. DE FORMIGNY DE LA LONDE.

Château de La Londe, le 15 juillet 1854.

TABLE

DES

DOCUMENTS INÉDITS

PUBLIÉS ET ANNOTÉS

PAR A. DE FORMIGNY DE LA LONDE.

MÉMOIRE

POUR SERVIR A L'HISTOIRE

DE

L'ACADÉMIE ROYALE DES BELLES-LETTRES DE CAEN

PAR

FRANÇOIS-RICHARD DE LA LONDE,

MEMBRE DE CETTE ACADÉMIE.

MDCCLX.

I.

II.

III.

IV.

DE L'ÉTABLISSEMENT DE L'ACADÉMIE COMME ACADÉMIE ROYALE DES BELLES-LETTRES, PAR LETTRES-PATENTES DONNÉES EN 1705.

V.

DE L'ACADÉMIE ROYALE DES BELLES-LETTRES RÉTABLIE EN 1731, PAR LES SOINS DE MGʳ. PAUL D'ALBERT DE LUYNES, ALORS ÉVÊQUE DE BAYEUX, ET DEPUIS CARDINAL, ET ARCHEVÊQUE DE SENS; JUSQU'EN 1759, ÉPOQUE OU FINIT LE MANUSCRIT DE F.-R. DE LA LONDE.

LISTES RELATIVES A L'ACADÉMIE

PAR

A. DE FORMIGNY DE LA LONDE.

NOTA. — J'ai conservé, à chaque *Document*, l'orthographe de son auteur.

MÉMOIRE

POUR SERVIR A L'HISTOIRE

DE

L'ACADÉMIE ROYALE DES BELLES-LETTRES DE CAEN,

PAR

FRANÇOIS-RICHARD DE LA LONDE,

MEMBRE DE CETTE ACADÉMIE.

M DCC LX.

« M. de la Londe n'a pu mettre la dernière
« main à cet ouvrage (l'Histoire de l'Académie);
« mais ce qu'il en a fait, peut aider beaucoup
« ceux qui auront le courage de le finir. »
ROUXELIN, secrétaire de l'Académie.
(Eloge historique de M. de la Londe, lu dans
la séance du 5 mars 1767.—Ms.)

MÉMOIRE

POUR SERVIR A L'HISTOIRE

DE

L'ACADÉMIE ROYALE DES BELLES-LETTRES.

I.

§ 1. DE LA PREMIÈRE ÉTUDE DES LETTRES A CAEN. — § 2. DE LA FONDATION DE L'UNIVERSITÉ.

L est bon, avant de démontrer la première origine de l'Académie, de remonter aux siècles qui la précédèrent, pour rechercher l'époque où l'on commença à étudier les lettres à Caen; puis de retracer l'histoire de la fondation de l'Université à l'influence de laquelle cette ville doit l'amour des lettres qui s'est répandu parmi ses habitants, et par suite la formation de l'Académie des Belles-Lettres.

§ 1. De la première étude des lettres à Caen.

MHuet mentionne à la page 263 de ses *Origines de Caen*, que le poëte Wace (1), natif de l'île de Jersey, a écrit, dans un poëme composé vers 1140, qu'ayant été apporté à Caen dès son enfance, *illeuc fu a lettres mis.* D'où M. de Brieux avoit conclu qu'il y avoit à Caen du temps de ce poëte, des Écoles publiques où l'on enseignoit les belles-lettres. M. Huet paroîtroit vouloir infirmer ce sentiment, en disant que, quand Wace n'auroit appris à Caen que les premiers éléments de la grammaire, sous un petit maître d'école tel qu'on en voit dans les moindres bourgades, il auroit pu s'exprimer ainsi.

Le sentiment de M. de Brieux me paroît préférable.

En effet, le poëme de Wace, *Roman de Rou et des Normans*, écrit en vers fort estimés dans ce temps-là, et dédié à Henry II, Roy d'Angleterre, ainsi que beaucoup d'autres que cet autheur, qui fut Chanoine de Bayeux, avoue avoir composés à Caen (2), prouvent contre M. Huet qu'il y avoit plus que de ces *Maîtres d'écoles tels qu'il y en a dans les moindres bourgades.* On peut donc dire avec assez de certitude que depuis 1140, au moins, jusqu'en 1431, ce qui compose 291 ans, Caen étoit en possession d'écoles savantes et de citoyens qui cultivoient les lettres.

Lorsqu'en 1417, sous le règne de Charles VI, Henry V, Roy d'Angleterre, passa en France, et s'empara de la Normandie, ainsi que de presque toute la France, qui fut abandonnée au fils qui pourroit naître de Catherine de France qu'il épousa en 1420, trois ans après son débarquement (3) ; le Prince anglois trouva la ville de Caen remplie d'hommes doctes et d'un mérite distingué. Qui auroit pu les former? Où avoient-ils acquis leur savoir, sinon dans le lieu qu'ils habitoient (4) ! Il est à présumer que depuis Wace jusqu'à l'arrivée de Henry V, les écoles de Caen s'étoient beaucoup perfectionnées.

M. Huet est forcé d'avouer qu'avant l'établissement de l'Université, il y avoit plusieurs colléges à Caen. Je peux dire par tradition de mes ancêtres, qu'une très-grande maison qu'ils avoient dans la rue qu'on nomme des Croisiers (5) avoit été autrefois un collége nommé *Bouët ;* mais quoique cette maison m'appartienne encore aujourd'hui, je n'ai pu rien en découvrir dans mes anciens titres. M. Huet cite aussi ce Collége, avec cinq autres dont il donne les noms, aux pages 263 et 269 de ses *Origines de Caen.*

§ 2. De la fondation de l'Université.

CE ne fut point Henry V qui fonda l'Université, le royaume de France ne pouvoit être donné par Charles VI à sa fille Catherine, ni à l'enfant qui naîtroit d'elle, et de Henry V, au préjudice de Charles VII, Dauphin de France, et présomptif héritier de la couronne de son père. D'ailleurs, par une clause expresse du traité de Troyes, signé en 1420, Henry V ne pouvoit prendre le nom et le titre de Roy de France, qu'après le décès de Charles VI prétendu donateur. Le Prince anglois mourut avant lui, en 1422, et l'enfant qui étoit né de son mariage sortoit à peine du berceau. Ce fut son oncle, le duc de Bethfort *(sic),* homme d'un esprit transcendant, fin politique et d'un génie supérieur, qui eut, pour les affaires de France, la tutelle de cet enfant à qui les Anglois donnèrent le nom de Henry VI. Bethfort mit toutes ses forces en campagne contre Charles VII, le parti de ce Prince opprimé par l'Anglois étoit le plus foible; et si le ciel, en lui envoyant Jeanne-d'Arc, ne l'eût pas visiblement assisté, il n'auroit jamais pu remonter sur le trône de son père.

Bethfort avoit cultivé l'amitié de tout ce qu'il y avoit de gens de lettres et de plus puissant dans Paris et les autres villes du royaume. Il s'étoit fait chérir au point que voyant que Charles VII avoit été sacré à Rheims, il fit promptement repasser d'Angleterre le jeune Henry, et le fit, à l'âge de 9 ans, proclamer Roy de France et d'Angleterre dans l'église Notre-Dame de Paris, qui tenoit encore son parti.

Comme le Régent faisoit sa demeure la plus ordinaire à Rouen et à Caen, il favorisa les savants de cette dernière ville, et il fit ériger notre Université en leur faveur. Les Lettres-patentes furent expédiées par lui à Rouen le 15 janvier 1431, l'année même du couronnement de Henry VI. Elle n'eut d'abord que deux *Facultés*, l'une de *Droit Canon*, l'autre de *Droit Civil*. Ce même Roy, le 15 février 1436, étant encore à Rouen, ajouta les *Facultés de Théologie et des Arts*, et l'année suivante, le 19 mars 1437, étant en son palais de Kesington (6), il ajouta à ces deux dernières *Facultés*, celle de *Médecine*.

Les États de Normandie firent presqu'aussitôt approuver cette fondation par le Pape Eugène IV (7), et, dans la suite, après que Charles VII l'eut approuvée et fondée de nouveau, lorsqu'il fut rentré en possession de la Normandie, par suite de la bataille de Formigny, livrée le 15 avril 1450; plusieurs Papes ratifièrent encore ce que ce Prince avoit accordé de priviléges aux membres de l'Université.

Les chaires furent remplies de Maîtres d'un savoir profond, ce qui attira de toutes parts un nombre infini d'étrangers qui vinrent faire leurs études sous des hommes d'un si grand mérite. Les citoyens de Caen en profitèrent les premiers. On en voit la preuve dans les *Origines de Caen* de M. Huet, à la page 238, où il nous donne les noms et les qualités des savants de cette ville, qui y avoient fait leurs études, et en étoient sortis pour occuper des places et des emplois considérables, depuis et même avant l'érection de l'Université. C'est dans le même ouvrage qu'on trouvera que dans le XVe. siècle un nombre considérable de ces grands génies ont occupé les places de l'Université, ainsi que les noms de ceux qui, après y avoir fait leurs études, s'étoient distingués par leur rare mérite. Le siècle suivant continua la culture des Belles-Lettres. Notre bon et zélé concitoyen, M. de Bras, témoin irréprochable, nous fait connoître sensiblement cette vérité, en nous apprenant ce qui se passa sous ses yeux pendant tout le siècle où il vécut, étant né à Caen. en 1504, et y étant mort en 1593, cinq ans après avoir mis la dernière main à son livre des *Recherches et antiquités de la province de Neustrie..............* *mais plus spécialement de la ville et de l'Université de Caen,* qu'il fit imprimer en 1588. En lisant attentivement son ouvrage, ainsi que celui de M. Huet, on trouvera une partie des faits que je viens de rappeler; ce dernier nous conduit jusqu'au temps où l'*Académie des Belles-Lettres* commença à s'établir.

NOTES.

(1) Trouvère anglo-normand né vers 1112 et mort en Angleterre vers 1184. — V. sa biographie dans l'édit. que MM. G. Mancel et G. S. Trébutien ont donnée de son poème de la *Conception Notre-Dame.* Elle renferme des détails nouveaux sur ce poète.

(2) Ce fut en 1155 que Wace finit sa traduction en vers français du *Brut* d'Angleterre. Il se dit *Clerc de Caen.*

(3) Henry V débarqua le 1er. août 1417, devant Touques, commune du canton de Pont-l'Évêque.

(4) Cette raison de nulle valeur, aujourd'hui que les communications sont si faciles, pouvait cependant valoir quelque chose à l'époque où F. R. de la Londe écrivait.

(5) Cette maison était située dans la *Cour Bénard* dont on voit encore l'antique porte cintrée, vis-à-vis l'ancien couvent des Croisiers.

(6) Aujourd'hui Kensington (Middlesex), à 5 k. O. de Londres. Il y a encore dans cette localité un château royal, où l'on voit une belle galerie de tableaux.

(7) Les premières bulles furent données à Bologne, le 30 mai 1437, et les secondes le 19 mai 1439. —V. Huet, *Origines de Caen,* 2e. édit. p. 264-65.

II.

DE L'ACADÉMIE DES BELLES-LETTRES

SOUS M. DE BRIEUX.

1652—1674—75.

§ 1. ORIGINE DE L'ACADÉMIE DES BELLES-LETTRES. — LISTE DE SES MEMBRES. — § 2. ACADÉMIE DE PHYSIQUE FONDÉE PAR M. HUET. — § 3. DE L'ACADÉMIE DES BELLES-LETTRES APRÈS LA MORT DE M. DE BRIEUX.

---

§ 1. Origine de l'Académie des Belles-Lettres. — Liste de ses membres.

DE Brieux (1) nous apprend, dans un petit volume in-18 qui contient quelques-uns de ses poèmes latins, ses épigrammes et plusieurs lettres en prose, que le hasard fut en quelque sorte la cause et l'origine de l'Académie des Belles-Lettres de Caen. Voici ce qu'il nous dit de son commencement:

« L'Académie doit sa naissance aussi bien qu'une partie de sa réputation à Messieurs de Grentemesnil, de Premont, Halley, et de Viquemand (2). Eux et moi, nous rencontrant il y a quelques années dans la boutique de l'un de nos libraires (3), où l'on se rendoit tous les lundis pour lire la Gazette et voir les livres nouveaux, nous trouvâmes que nous pourrions avoir avec plus de commodité ce même divertissement en quelqu'une de nos maisons : la mienne fut choisie pour cela, à cause de sa situation au cœur de la ville, et dans une place où comme en un centre l'on se vient rendre de tous côtés.

« Nous communiquâmes à M. notre Gouverneur (4), à M. notre Intendant (5) et à M. notre Lieutenant-Général (6) le dessein que nous avions formé, qu'ils approuvèrent tous. *Après quoy, nous commençames le lundi suivant à nous assembler et nous résolumes de le faire à pareil jour de la semaine, depuis quatre jusqu'à sept heures du soir : Nous convinsmes aussi que la première partie de ce temps seroit donnée à l'entretien des nouvelles; l'autre aux propositions et résolutions de difficultés, que chacun pourroit avoir trouvées dans les bons autheurs; et la dernière à la lecture des Ouvrages composés, soit par quelqu'un de la Compagnie, soit par quelqu'autre du dehors. Nous protestâmes encore de ne souffrir point qu'on y lut aucuns libelles, ou pasquins, ni qu'on y parlast de religion, qu'autant que le permettroient les principes du Christianisme, dont nous convenons tous.*

« D'abord nous ne fûmes qu'un petit nombre, M. Bochart et M. Huet étoient en Suède (7), M. de Touroude en Hollande, M. de la Motte à Rouen, et M. de Graindorge à Narbonne (8). D'ailleurs, quoyque cet établissement parût beau à tous ceux qui ont quelqu'inclination pour les lettres; il s'épandit des bruits qui ne nous étoient pas avantageux, plusieurs crurent que nous déclamions tour à tour, et que de se trouver avec nous, c'étoit en quelque façon retourner au Collége. D'autres pensèrent que nous ne marchions que sur les épines de la critique, et ne parlions que grec et latin : et d'autres, au contraire, se persuadèrent que nous ne faisions que chercher les fleurettes de la poësie et du beau langage. Quelques-uns encore s'imaginèrent que nous prenions parti dans les fameux combats qui commençoient à se donner en France, sur les matières de la grâce. Tout cela rebuta long-temps quantité d'esprits, qui s'étant enfin éclaircis de la vérité des choses, et ayant connu qu'elles n'étoient pas telles qu'ils les avoient comprises, eurent pour nous d'autres sentiments qu'ils n'en avoient eu jusques-là, et changèrent leur mépris ou leur indifférence en estime. Il leur en prit comme à ces amans qui, dégoutés de leurs maîtresses par les rapports qu'on leur en a faits, se résolvent, enfin, de n'en croire que leurs propres yeux et leurs propres oreilles ; là-dessus les abordent avecque froideur et ne les considèrent que d'un œil curieux et défiant ; mais qui détrompés bien-tost de ce qu'on leur en avoit dit, s'accusent de trop de crédulité, et demeurent les jours entiers attachés auprès d'elles, par ces sortes de chaînes, dont la vertu et la beauté sçavent lier les cœurs. Tous ces faux bruits étant donc dissipés, notre Assemblée a grossi peu à peu, elle a fait quelque bruit dans le monde ; et enfin elle est parvenue à cet état où on la voit aujourd'huy, que nous pouvons dire glorieux, puisque quantité de Seigneurs étrangers, dont le mérite n'est pas moindre que la naissance, ont recherché d'y être admis, puisque M. le Président de Belliévre, et Messieurs nos Intendans s'y sont souvent trouvés, et puisque vous, Monsieur, l'avez bien voulu honorer, non seulement de votre présence, mais aussi d'éloges, qui lui tiennent lieu de grand panégyrique, et de lettres du Prince. »

Voilà une partie de la lettre que M. de Brieux écrivoit à

M. de Saint-Clair Turgot, Conseiller d'État, pour lui rendre compte des progrès de l'Académie qui venait de s'établir chez lui. Il lui nomme dans cette même lettre ceux qui la composoient, et le genre d'ouvrages auxquels chacun avoit entrepris de travailler. « Ce n'est pas, dit-il, qu'il n'y en ait plus qui doués d'un grand génie, d'un discernement net, et d'une parfaite connoissance de toutes les belles lettres ne puissent mettre quelque chose au jour; mais la vie active, à laquelle leurs charges, leurs professions, et leurs affaires les appellent, les ont empeschés de faire part au public des riches thrésors qu'ils possèdent. »

Cela marque que l'Académie, dès le commencement, fut remplie d'un grand nombre de personnes capables de laisser à la postérité des ouvrages précieux, qui peut-être même ont été commencés; mais ces mêmes Académiciens qui ne vouloient rien donner au public que de bon, n'ont pu suffire à tout et mettre la dernière main à leurs productions.

Dans une autre partie de sa lettre, M. de Brieux s'est contenté de nommer ceux qui avoient déjà composé quelques ouvrages, ainsi que le titre de leurs compositions, tel étoit le fameux Samuel Bochart (9). Je me contenterai de mettre seulement les noms des autres qu'il a cités; j'y ajouterai ceux des Académiciens que la mémoire pourra me fournir, suivant M. Belin (10), ancien Curé de Blainville (11) et secrétaire de l'Académie, du temps de M. de Segrais, et après lui, du temps de M. de Croisilles et de M. de Foucault (12). Dans les Lettres-patentes que Louis XIV accorda en faveur de l'Académie, il reçut le titre de *Secrétaire perpétuel*. Ce M. Belin n'ignoroit rien de ce qui concernoit l'origine de cette Compagnie.

LISTE DES MEMBRES DE L'ACADÉMIE

DU TEMPS DE M. DE BRIEUX.

1652—1674—75.

MEMBRES FONDATEURS.

MM.

1. MOISANT DE BRIEUX (13) ;
2. LE PAULMIER DE GRENTEMESNIL (14) ;
1—S.   3. DE PRÉMONT GRAINDORGE (15) ;
2—S.   4. HALLEY (16) ;
5. DE VICQUEMAND (17) ;

AUTRES MEMBRES CITÉS PAR M. DE BRIEUX.

6. BOCHART (18) ;
7. BARDOU, curé de Cormelles (19) ;
8. DE CAILLIÈRES, gouverneur de Cherbourg (20) ;
3—S.   9. HUET [Ev. d'Avranches] (21) ;
4—S.   10. DE LA LUZERNE ESTIENNEVILLE (22) ;
11. MÉNAGE [l'abbé] (23) ;
12. DE NEUREY, Gouverneur de Messieurs les Comtes de Dunois et de Saint-Pol (24) ;
13. DE PETIVILLE LE SUEUR (25) ;
14. DU PERRON (26) ;
5—S.   15. DE LA ROQUE (27) ;

6 — S. 16. DE SEGRAIS (28) ;

  17. SAVARY (29) ;

7 — S. 18. DE TOUROUDE (30) ;

AUTRES MEMBRES D'APRÈS M. BELIN.

Suivent les noms de ceux qui furent aussi membres de l'Académie de M. de Brieux, tels que M. Belin m'a dit les avoir appris de M. de Segrais. Ce sont MM. :

  19. LE BOURGEOIS, Sieur DU TORP (31) ;

  20. LE MÉTEL DE BOISROBERT (32) ;

  21. MORIN, Sieur D'ECAJEUL (33) ;

  22. PATRIS (34) ;

  23. LE RÉVÉREND, Sieur DE BOUGY (35) ;

  24. TANNEGUY LE FEVRE (36) ;

  25. DE BLANCHECAPPE (37) ;

8 — S. 26. LE HAYS, Sieur DE LA FOSSE (38) ;

9 — S. 27. ÉTIENNE LEM OYNE (39) ;

10 — S. 28. LE BLAIS, Sieur DU QUESNAY (40) ;

11 — S. 29. DU MOUSTIER, Sieur DE LA MOTTE (41) ;

12 — S. 30. Étienne MORIN (40) ;

13 — S. 31. Jean DE CARBONEL (43) ;

  32. DE CROISMARE, Sieur DE LASSON (44) ;

  33. DU BOSC, Ministre à Caen (45).

Voilà les noms de ceux qui composèrent l'Académie de M. de Brieux : ils sont au nombre de trente-trois ; mais il n'y en eut jamais plus de trente en place dans le même temps (46).

§ 2. Académie de physique fondée par M. Huet.

1664—1676.

PLusieurs membres de l'Académie de M. de Brieux, amateurs de la physique et des mathématiques, re-grettoient depuis long-temps de ne pouvoir s'en occuper dans ses assemblées, par suite du mauvais accueil que ces sciences recevoient dans cette Compagnie qui s'étoit restreinte à l'étude des *belles-lettres*. L'apparition de la comète de 1664 donna lieu à la fondation d'une nouvelle Académie dite *Académie de physique*. MM. Huet (47) et Graindorge (48), animés d'un même zèle pour ces sortes d'études, convinrent de choisir un jour la semaine où ils pourroient s'entretenir de physique. Il fut donc arrêté en-tr'eux que les amateurs des sciences (49) se réuniroient dans le logis de M. Huet (50) *le jeudi de chaque semaine*. Cette se-conde Société s'occupa surtout d'astronomie, d'anatomie, de botanique, de chimie, et ses travaux se continuèrent avec les plus grands avantages pour la science, jusqu'en 1667. Persuadé de l'utilité de cette Compagnie, M. de Chamillard, alors Intendant de la Généralité de Caen, réussit à attirer sur elle l'attention de M. de Colbert, ce grand protecteur des sciences, du commerce et de l'agri-culture, qui venoit de fonder l'Académie des Sciences de Paris [1666]. Ce Ministre l'accueillit favorablement, et fit donner à M. Huet une somme considérable pour sub-venir aux frais des expériences; il promit aussi une pension annuelle de laquelle il avança la première année. M. Huet (51) nous apprend que cette libéralité, loin d'affermir l'Académie de physique, fut cause de sa ruine, en faisant concevoir de grandes espérances de fortune à des philosophes plus studieux de la physique que de la morale, et qui, bien qu'amateurs de la vertu, ne tenoient pas les richesses pour méprisables. La Société devint de jour en jour moins florissante, parce qu'alors ses membres s'occupèrent plus de leurs fortunes que de leurs études. Après que M. Huet eut quitté Caen (52), elle continua cependant encore à tenir ses séances. Ce fut M. Graindorge qui la reçut chez lui; mais à sa mort, arrivée en 1676, elle disparut entièrement.

§ 3. De l'Académie des Belles—Lettres après la mort de M. de Brieux.

1674—1675.

APrès la mort de M. de Brieux, qui eut lieu dans le mois de juin 1674, M. de Matignon, Lieutenant de Roy de la Province (53), offrit le même asile que M. de Brieux avoit jusque-là donné à Messieurs les Académiciens, et leur accorda sa protection. La plupart de ceux qui étoient encore vivants continuèrent de soutenir l'Académie qui avoit si bien commencé, et qui avoit toujours subsisté sans dégoût, et sans interruption pendant vingt deux ans. Cela dura jusqu'en 1675, que mourut M. de Matignon, puis l'Académie se trouva dispersée.

NOTES.

(1) V. ci-après la note 13.

(2) V. ci-après les notes 14—15—16—17.

(3) Il s'appelait le Bourgeois, et demeurait dans une maison qui appartenait à M. de Brieux, près de son *hôtel du Grand-Cheval* ou *d'Ecoville,* qui depuis, vers 1737, fut vendu par M. de Béneauville pour en faire l'hôtel-de-ville. Aujourd'hui l'hôtel de la Bourse, place St.-Pierre.

(4) Charles de Sainte-Maure, Duc de Montausier, né en 1610, mort en 1690.

(5) Guy de Chamillard, Conseiller du Roy en ses Conseils, Maître des Requestes ordinaires de son hostel, Intendant de justice, police et finances, Commissaire départy pour l'exécution des ordres de sa Majesté, en la Province de Normandie, Généralité de Caen.

(6) M. de Malherbe.

(7) La fameuse Reine Christine les avait appelés à sa cour; mais ils firent partie de l'Académie aussitôt après leur retour, comme le rapporte Huet dans ses Mémoires. — Voir ci-après les notes 18 et 21.

(8) V. ci-après les notes 30—41—45.

(9) V. ci-après la note 18.

(10) V. p. 33, la note 10.

(11) Blainville-sur-Orne, Arr. de Caen, Cᵒⁿ. de Douvres. Des Médailles Romaines et des sépultures antiques ont été découvertes, à diverses époques, dans cette Commune.

(12) V. ci-après la note 28; p. 31, la note 3; et p. 45, la note 1.

(13) Jacques Moisant, Sieur de Brieux (*), de la Luzerne et
de Martragny, né à Caen en 1614, fit ses études à Sédan, fut
Conseiller au Parlement de Metz, puis revint à Caen, où il
fonda l'Académie en 1652, comme on l'a vu plus haut. Mort
à Caen en juin 1674. — *Littérature* et *poésie latine.* — V. sa
biographie par M. G. Mancel, dans les Mémoires de l'Académie
Royale des Sciences, Arts et Belles-Lettres de Caen pour 1845,
p. 333.

(14) Jacques Le Paulmier, Sieur de Grentemesnil, né près de S'e.-
Barbe-en-Auge le 15 décembre 1587. Mort le 1er. octobre 1670. —
Critique, Littérature, auteur de Poésies diverses en *Français*, en
Italien, en *Espagnol*, en *Grec* et en *Latin.*

(15) André Graindorge, Sieur de Prémont, né à Caen en 1616.
Médecin. Mort le 13 janvier 1676. C'était chez lui que l'Académie de
Physique, fondée à Caen par M. Huet, se réunit après le départ de ce
dernier. — *Physique* et *histoire naturelle.*

(16) Antoine Halley, né à Bazanville en 1593. Professeur royal
d'éloquence à l'Université de Caen et Principal du Collége du Bois.
Mort à Paris le 3 juin 1676. — *Poésie et Grammaire.*

(17) De Vicquemand, Médecin distingué à Caen. — V. la Notice sur
Moisant de Brieux, par M. G. Mancel.

(18) Samuel Bochart, né à Rouen en 1599. Ministre protestant à
Caen. Il mourut frappé d'apoplexie pendant la séance de l'Académie
du 16 mai 1667, au milieu d'une dispute élevée entre lui et
Huet, au sujet de médailles espagnoles dont parle Covarruvias (**).
— *Célébre orientaliste.* — V. dans les Mémoires de l'Académie Royale
des Sciences, Arts et Belles-lettres de Caen, année 1836, p. 240, les
Recherches de M. Smith sur Samuel Bochart.

(19) Jean Bardou, né à Paris le 10 mars 1621. Curé de Cormelles-
le-Royal. Il a été l'ami de Samuel Bochart, et ce fut à sa sollicitation
que M. de Colleville, son gendre, nomma Jean Bardou à la cure de
Cormelles dont il était *Patron.* Mort dans cette paroisse le 16 novembre
1668. — *Poésie.*

(*) Le portrait original de Moisant de Brieux se trouve aujourd'hui entre les
mains de M. B. Mancel, ancien libraire, éditeur d'ouvrages relatifs à la Normandie.

(**) Diégo Covarruvias, surnommé le *Barthole Espagnol*, dont les œuvres ont
été imprimées en deux volumes.

(20) Jacques DE CAILLIÈRES, Maréchal de Bataille des Armées du Roy, Gouverneur de Cherbourg. Mort en 1697.— *Littérature* et *Biographie.*

(21) Pierre-Daniel HUET, né à Caen le 8 février 1630. Evêque d'Avranches, Abbé d'Aunay, etc. Mort à Paris le 26 janvier 1721. — *Théologie, Histoire* et *Poésie.*

(22) Antoine DE GARABY DE LA LUZERNE-Estienville, né à Montchaton (Manche) le 28 octobre 1617. Mort à l'Ile-Marie (Manche) le 4 juillet 1679. — *Morale* et *Poésie.*

(23) L'Abbé Gilles MÉNAGE, né à Angers le 15 août 1613. Mort à Paris le 13 juillet 1692. Du Tillet le met au nombre des sept poètes de la Pléiade latine du XVIIe. siècle. Il fit partie de l'Académie *Della-Crusca* de Florence. — *Philosophie, Jurisprudence, Histoire, Poésie, Grammaire, Antiquités* et *Critique.* — V. le *Parnasse françois dédié au Roy.* Paris, 1732, in-f°., p. 437, par Titon du Tillet, dont on verra, dans la suite, le nom parmi les *Associés* de l'Académie de Caen.

(24) Michel DE NEURRY, dont le vrai nom est *Laurent Mesme*, né à Loudun (dépt. de la Vienne), demeura trente ans chez les Chartreux de Bordeaux, puis *jeta le froc aux orties.* Il vint, après, à Paris, où, grâce à Mme. de Bourgneuf, Gouvernante des enfants du duc de Longueville, il fut choisi pour être leur Précepteur. — *Astronomie, Biographie* et *Pamphlets.* — Voir quelques détails relatifs à ce mauvais moine dans le *Chevreana,* t. II, p. 290.

(25) Philippe LE SUEUR DE PETIVILLE, né à Caen le 31 mars 1607. Conseiller au Parlement de Normandie. Mort à Caen le 24 décembre 1657. — *Poésie.*

(26) Louis DU PERRON-LE-HAYER, né à Alençon en 1603. Procureur du Roi au Bailliage d'Alençon. Mort vers 1680. — *Traductions* et *Poésie.*

(27) Gilles-André DE LA ROQUE, Sieur DE LONTIÈRE, né à Cormelles en 1597 selon les uns, en 1598 selon les autres. Historiographe du Roy et Chevalier de l'ordre de Saint Michel. Mort à Paris le 3 février 1686 ou 87. — *Héraldiste.*

(28) Jean REGNAUD DE SEGRAIS, né à Caen le 24 août 1625 et non 1624, fut Gentilhomme ordinaire de Mademoiselle de Montpensier depuis 1648 jusqu'en 1672, et plus tard Echevin de Caen. On

verra dans la suite du *Mémoire* la conduite bienveillante que Segrais tint à l'égard de l'Académie, lorsqu'en 1675, après la mort de M. de Matignon, il réunit les Membres de cette société et leur donna asile dans son hôtel (situé rue de l'Engannerie, n°. 7. Il appartient aujourd'hui à Madame la Ctesse. E. d'Angerville). Mort le Vendredi saint, 25 mars 1701. — *Poésie* et *Romans.* — V. pour la vie de Segrais, l'édit. de ses Poésies publiée à Caen, chez Chalopin, 1823. 1 vol. in-8°.

(29) Jacques SAVARY , dont le nom de famille était *Timent ,* né à Caen en 1667. Mort dans cette ville le 21 mars 1670. — *Poésie latine.*

(30) Louis DE TOUROUDE, né à Rouen vers 1614. Mort à Caen le 30 janvier 1689. — *Géographie ancienne.*

(31) Jean-Louis LE BOURGEOIS, Sieur DU TORP, né à Caen en 1618. Avocat du Roy au Bailliage de Caen. Mort dans cette ville en 1662. — *Poésies et Discours.*

(32) François LE MÉTEL DE BOISROBERT, né à Caen en 1592. Abbé de Châtillon-sur-Seine , etc. , l'un des membres fondateurs de l'Académie Française. Mort le 30 mars 1662. — *Poésies* et *Romans.* — V. dans les Mémoires de l'Académie Royale des Sciences, Arts et Belles-Lettres de Caen, année 1852, p. 413, la Notice que M. Hippeau lui a consacrée.

(33) Robert MORIN , Sieur d'ECAJEUL , vécut dans le XVII°. siècle. Conseiller du Roy. Huet ne me paraît pas même avoir donné la date de sa mort. M. L. Du Bois a dit que Robert Morin était mort le 1er. mars 1660 ; cependant cette date qu'il a copiée, sans doute dans le livre de Huet , ne s'applique pas au Sieur d'Ecajeul, mais bien à Guillaume Morin , Sieur de Benneville. Pour moi, je l'avoue, je n'ai pu découvrir les dates précises de la naissance et de la mort de Robert Morin. J'ai pourtant lu dans un manuscrit qu'il ne fut que deux ans avec M. de Brieux, ce qui fixerait sa mort vers 1654 ou 55 ; mais je n'ose donner ce fait comme exact. — *Poésie* et *Littérature.* — V. Huet, *Origines de Caen ,* p. 341, et L. Du Bois, *Nomenclature alphabétique des auteurs et artistes normands.*

(34) Pierre PATRIX, né à Caen en 1583. Mort à Paris le 6 octobre 1671. — *Poésie.*

(35) Thomas LE RÉVÉREND, Sieur DE BOUCY, né à Caen vers 1610,

fut Avocat à Paris, puis revint à Caen, où il mourut le 20 mai 1672. — *Traductions.*

(36) Tanneguy LE FÈVRE, né à Caen en 1615, d'abord catholique, puis protestant et Professeur d'humanités dans le Collège protestant de Saumur. — Mort dans cette ville le 12 septembre 1672. — Père de Madame Dacier. — *Littérature* et *Commentaires.*

(37) Pierrre DE BLANCHECAPPE, né à Caen en 1595. Docteur aux Droits. Mort à Caen le 19 novembre 1673. — *Jurisprudence.*

(38) Gilles LE HAYS, Sieur DE LA FOSSE, né à Amayé-sur-Orne. Professeur de rhétorique à Caen et à Paris, ensuite Curé de Gentilly. Mort le 9 août 1679. — *Poésie latine.*

(39) Etienne LE MOYNE, né à Caen, en 1624. D'abord Ministre protestant dans cette ville, il passa ensuite en Hollande, où il devint Professeur de Théologie et Recteur de l'Académie de Leyde. Mort le 3 avril 1689. — *Littérature* et *Histoire.*

(40) Jean LE BLAIS, Sieur DU QUESNAY, né à Caen le 7 novembre 1615. Lieutenant-général du Bailliage de cette ville où il est mort le 25 février 1698. Huet lui dédia ses *Origines de Caen.* — *Littérature* et *Antiquités.*

(41) Nicolas DU MOUSTIER, Sieur DE LA MOTTE, né à Rouen en 1613, fut d'abord Conseiller à la Cour des Aides de Normandie, puis Lieutenant-général au Bailliage de Caen où il mourut le 17 octobre 1698. — *Littérature* et *Poésie.*

(42) Etienne MORIN, né à Caen le 1ᵉʳ. janvier 1625, fut Ministre protestant dans cette ville. Il se retira dans la ville d'Amsterdam, un peu avant la révocation de l'Edit de Nantes (1685), et il y mourut le 5 mai 1700. — *Orientaliste.*

(43) Jean DE CARBONNEL, né à Caen le 15 décembre 1622, fut, comme on le voit, Membre de l'Académie de M. de Brieux, et en devint le secrétaire lors de son rétablissement par M. de Segrais ; mais son attachement au protestantisme le força de passer en Hollande après la révocation de l'Edit de Nantes. Mort le 24 février 1702. — *Poésie Française.*

(44) Nicolas DE CROISMARE, Sieur DE LASSON, né à Rouen en 1629 et mort à Caen le 2 juin 1681. — *Littérature* et *Mathématiques.*

(45) Pierre DU BOSC, dont le nom de famille était *Thomine,* né à Bayeux. On n'est pas d'accord sur la date précise de sa naissance, selon les uns il est né en 1619 et selon les autres en 1623. Mort à

Rotterdam le 2 janvier 1692. Il s'y trouvait par suite de la révocation de l'Edit de Nantes.—*Sermons protestants* et *Poésie.*

(46) On pourrait peut-être encore ajouter à cette liste les noms des personnages suivants, qui probablement ont fait aussi partie de l'Académie, du temps de M. de Brieux.

1°. Henry HALLEY, frère d'Antoine Halley (V. ci-dessus la note 16). Il fut Professeur aux Droits en l'Université de Caen, où il mourut le 12 octobre 1688.

2°. Jacques GRAINDORGE, né à Caen en 1614, frère d'André Graindorge (V. ci-dessus la note 15). Mort à Caen en 1659. —*Antiquaire.*

3°. Jacques GRAINDORGE, parent des précédents, Bénédictin de l'Abbaye de Fontenay, près Caen, et Prieur de Culey. Mort le 25 mai 1680. —*Astronomie et Astrologie.*

4°. HEAUTON, Médecin, Membre de l'Académie de Physique de Caen.

(47) V. ci-dessus la note 21.

(48) André GRAINDORGE (V. ci-dessus la Note 15) dont je possède vingt-deux lettres autographes toutes adressées à Huet, avec lequel il entretenait une correspondance suivie, sur les expériences et les découvertes scientifiques en général. De plus, quand ce Prélat s'absentait, il le tenait au courant de ses observations personnelles, et quelquefois aussi de ce qui se passait dans les deux Académies de Caen dont ils faisaient partie l'un et l'autre.

Voici quelques *extraits* de ces lettres, que j'ai cru ne pas être sans intérêt; car pour cette période de l'histoire de ces deux sociétés, les renseignements ne sont peut-être ni nombreux, ni considérables.

EXTRAITS

TIRÉS DE LA CORRESPONDANCE D'ANDRÉ GRAINDORGE AVEC HUET.

1°. *Extraits relatifs à l'Académie des Belles-lettres.*

Paris 29 juillet 16...

. . . . Que vous êtes heureux de posséder tant de belles choses, en même temps

que vous tenez Origène par les oreilles (*), vous assistez à
l'Académie de M. de Brieux, et vous ne laissez pas d'examiner une tête de carpe (**). . . . .
. . . .

Caen 11 avril 1661.

. . . . Je ferai vos compliments à M.
B. . . . . sur son *Antechrist* et à nos Messieurs, ce soir,
qui seront ravis de vous savoir arrivé en bonne santé, et je
puis vous dire par avance qu'ils vous remercient de votre souvenir, et qu'ils vous saluent avec beaucoup d'affection. . . .
. . . .

Caen Quasimodo 1661.

. . . . Voilà
une pièce sur son Eminence défunte, qu'un de mes amis a
faite, je ne l'ai pas osé lire à notre Académie; car nous
n'étions que trois catholiques contre huit religionaires qui
n'auroient pas supporté *ultimum hæresis azilum.* Elle n'est
pas si historique qu'une certaine qu'on m'a envoyée de Paris,
qui commence par ces mots : *Divina virga furoris in Gallos,
imò in Europam.* . . . . : . . . . etc. Vous savez que
l'invective et la satire plaisent mieux que la flatterie. M. Touroude (***) vous prie de ne lui achetter pas la carte du Danube
de Blau, il l'a vue et n'y a point trouvé son compte ; mais il
seroit bien aise de voir celle de la Grèce par L. . . . . or
toute la Grèce qu'il a mise en lumière vous la lui achetterez,
s'il vous plaist. M. Morin (****) qui se trouva à notre dernière

---

(*) Huet travaillait alòrs à son édit. des *Commentaires d'Origène sur l'Ecriture
sainte*, Rouen, 1668, 2 vol. in-f...

(**) Huet s'occupa beaucoup d'anatomie et il nous apprend dans ses *Mémoires*
qu'il disséqua lui-même plus de trois cents yeux d'animaux.

(***) V. ci-dessus, la note 30.

(****) V. ci-dessus, la note 42.

assemblée fut accueilli, avec acclamatious, par les frères (*),
et débita de sa marchandise. Notre fondateur (**) mist sur
un passage de Juvénal. . . . . l'on
dist merveille pour cette affaire, pourtant n'y ayez point de
regret, car je vous affirme qu'on sait bien que vous y man-
quez. . . . .

2°. *Extraits relatifs à l'Académie de physique.*

Paris 16 septembre 166..

. . . . Vous m'avez fait plaisir de
m'apprendre la Maîtrise de Busuil, j'y prends part ; mais il
ne faut pas que pour cette qualité il abandonne notre société à
laquelle je n'oserais donner le nom d'*Académie*, de peur de
donner de la jalousie à celle du *Grand-Cheval* (***). . . . .

Caen 3 juin 1665.

. . . . Est-ce que le mal de M. de
Brieux a empêché qu'il n'y ait eu d'Académie, ou si c'est
pure paresse ; ou bien si la physique vous fait oublier les
belles-lettres. Si cela est, je conseillerois à M. de Brieux de
ne point revenir de son mal. Je suis ravi qu'il se soit tiré d'affaire, comme seul vous m'en aviez donné la peine ; vous êtes
aussi le seul qui m'ayez délivré de la peine où j'étois de sa
santé. . . . .
. . . . Je salue tous nos Messieurs de l'une et l'autre
Académie. . . . .

(*) Les autres protestants.
(**) M. de Brieux, V. ci-dessus, note 13.
(***) L'Académie de M. de Brieux, qui tenoit ses séances dans son hôtel du
Grand-Cheval. V. ci-dessus, note 3, p. 17.

Ces lettres se trouvent dans un CARTON ayant pour titre : *Origines de Caen. Extraits d'anciens registres—Lettres ;* et contenant des recherches intéressantes écrites par Huet pour la 2ᵉ. édit. de ses *Origines de Caen.* Ce Recueil avait été donné par M. de Charsigné (*), neveu de ce Prélat, à F.-R. De La Londe (auteur du présent *Mémoire*), mon trisaïeul, qui le légua à son petit-fils (**), duquel je le tiens par un nouveau legs.

(49) Parmi les membres de l'*Académie de physique*, voici ceux dont j'ai pu recueillir les noms. Ce sont :

Messieurs

HUET, André GRAINDORGE, Nicolas CROISMARE DE LASSON, Pierre CALLY,	Membres de l'Académie des Belles-lettres ou de M. de Brieux.
Jean GOSSELIN DE VILLONS, Jacques GRAINDORGE, Bénédictin de l'Abbaye de Fontenay, HEAUTON, médecin, BUSUIL,	qui probablement firent partie de l'Académie de Brieux, du moins avant la création de celle de physique ; cependant ils ne sont pas portés sur la liste donnée précédemment, p. 13 et 14.

François DE BEAUVILLIERS, Duc DE ST-AGNAN, demanda aussi à Huet d'y être *associé.*

(50) La famille de Piédoüe a possédé par héritage, jusqu'en 1836, cette maison, la première à gauche dans la cour du Grand-Manoir, rue St.-Jean, n°. 142.

(51) *Origines de Caen*, 2ᵉ. édit., p. 174.

(52) Huet ayant été adjoint à Bossuet en qualité de Sous-Précepteur du Dauphin, quitta Caen vers l'automne de l'année 1670.

(53) Ce fut le Cᵗᵉ. François de Matignon, Lieutenant-général du Roy dans sa province de Normandie, qui, ayant occupé l'*hôtel du Grand-Cheval*, continua de recevoir l'Académie dans ce même hôtel. Vers cette même époque, quelques membres de l'Académie pensèrent qu'il serait

---

(*) V. p. 31, note 4.

(**) Jacques-François-Richard de La Londe, Chevalier de l'ordre royal de la Légion-d'Honneur, ancien Conseiller au Bailliage de Caen, ancien Adjoint au Maire de cette ville, etc. — Voir la note 30 de la *Notice* sur François-Richard De La Londe, par M. Latrouette.

avantageux pour cette Société d'obtenir des Lettres-Patentes qui lui donneraient une existence légale et permanente. Cependant ce sentiment n'était pas partagé par tous ceux qui portaient intérêt à cette Compagnie, comme le prouve une note que je dois à l'obligeance si connue d'un homme qui cherche toujours à être utile à tous, de M. Du Feugray. Voici textuellement cette note :

Il paraît par une lettre de M. de Montausier (V. ci-dessus , note 4) adressée à Huet le 19 mars 1676, de St.-Germain , que l'Académie de Caen lui avait adressé une lettre qu'il envoya à Huet. Cette Société , conformément aux conseils de M. de Montausier, désirait qu'il ne demandât rien pour elle.

On lit dans une autre lettre de M. de Montausier du 28 mars 1676, de St.-Germain : *Je suis bien aise que M. de Matignon ait été de mon avis sur le sujet de l'Académie de Caen, et je comprends bien les veues qu'ont eû ceux qui la composent quant ils ont songé a avoir des Pattentes, mais comme vous dites la conséquence seroit grande et c'est une chimère.* Il paraît que Huet et M. de Montausier n'étaient pas d'avis, à cette époque, que l'Académie fût instituée par Lettres-Patentes.

III.

DE L'ACADÉMIE DES BELLES-LETTRES

APPELÉE

SOUS M. DE SEGRAIS

SOCIÉTÉ DES NOTABLES.

1675—1701—1705.

§ 1. RÉTABLISSEMENT DE L'ACADÉMIE PAR M. DE SEGRAIS. — LISTE DES MEMBRES. — § 2. DE L'ACADÉMIE DISPERSÉE A LA MORT DE M. DE SEGRAIS ET RÉTABLIE PAR M. DE CROISILLES.

OUS les Membres de l'Académie qui pouvoient encore se réunir, recommencèrent ou plutot continuèrent ses assemblées avec encore plus d'éclat dans l'azile que M. de Segrais lui donna dans sa maison (1). A cette époque l'Académie des Belles-lettres fut désignée aussi sous les noms de *Société des Notables*, ou d'*Académie de M. de Segrais*. Il ne restoit plus que treize des anciens membres de l'Académie de Brieux, lorsque M. de Segrais les rassembla chez lui. Plusieurs savants de Caen remplacèrent ceux que la mort avoit enlevés, ou que leurs emplois avoient appelés ailleurs. Voici les noms des membres de l'Académie, pendant le temps qu'elle tint ses séances chez M. de Segrais, suivant que j'ai pu les recueillir du même M. Belin (2).

LISTE DES MEMBRES DE L'ACADÉMIE

DU TEMPS DE M. DE SEGRAIS.

1675—1701.

ANCIENS ACADÉMICIENS.

(V. p. 13 et 14 dans la liste des Académiciens du temps de M. de Brieux, les treize noms marqués d'une S.)

NOUVEAUX ACADÉMICIENS.

MM.

1—F.   14. DE CROISILLES (3);
2—F.   15. DE CHARSIGNÉ PIÉDOUE (4);
3—F.   16. DE NOYERS GOSSELIN (5);
4—F.   17. DE MONS (6);
5—F.   18. DE VERRIÈRES (7);

6—F. 19. D'Entremont (8);
7—F. 20. De Saint Clou (9);
8—F. 21. Belin (10);
9—F. 22. De la Ducquerie, le père (11);
10—F. 23. De la Douespe (12);
11—F. 24. L'Abbé Hébert (13);
12—F. 25. De la Cour-Maltot (14);
       26. Hermant, Curé de Maltot (15);
13—F. 27. Gaultier, Prêtre (16);
       28. Deloy, Professeur de rhétorique (17);
14—F. 29. Galland (18);
15—F. 30. De Chaulieu (19);
16—F. 31. Du Mesnil-Guillaume (20);
17—F. 32. Du Hamel (21);
       33. Gonffrey (22);
18—F. 34. Le Sueur de Colleville (23);
19—F. 35. Des Yveteaux (24);
       36. Lair (25);
20—F. 37. Petit (26);
       38. Pyron (27);
       39. Cally (28).

Voilà ceux qui sont parvenus à ma connoissance, ce qui, avec les treize anciens, composa trente-neuf personnes (29).

M. de Carbonnel (30) fut choisi pour être le secrétaire de cette société; mais après son départ pour la Hollande, il fut remplacé par M. de Mons (31), quoique bien jeune alors. Après lui vint M. Belin, ancien Curé de Blainville (32).

Plusieurs des Membres qui composoient cette savante société, moururent depuis 1675 jusqu'à 1701, que décéda M. de Segrais; plusieurs même avoient quitté Caen pendant l'espace de vingt-six ans qu'elle n'avoit discontinué sous son zélé protecteur. Il n'est donc pas surprenant qu'à sa mort, arrivée en 1701, le nombre se soit trouvé incomplet.

§ 2. De l'Académie dispersée par la mort de M. de Segrais, et rétablie par M. de Croisilles.

1701 — 1705.

Par suite de la mort de M. de Segrais, les Membres de l'Académie se trouvant sans protecteur et sans logis pour tenir leurs assemblées, se dispersèrent. Ce ne fut que long-temps après, que M. de Croisilles (33), beau-frère de M. de Segrais, s'efforça de réunir les Membres de cette Compagnie en leur offrant un nouvel azile. En effet, la première séance d'ouverture pour le rétablissement de l'Académie (34) n'eut lieu que le 7 janvier 1704. On y lut un Eloge de M. de Segrais.

NOTES.

(1) V. ci-dessus, p. 19, la note 28.

(2) V. ci-dessus, p. 12 , ligne 10 et ci-après la note 10, p. 33.

(3) Jean-Claude DE CROISILLES, Chevalier, Seigneur et Patron de Bretheville, etc., né à Caen le 12 janvier 1654, était le fils aîné de Robert de Croisilles et d'Anne de Cairon ; ces derniers habitaient la paroisse St.-Etienne de Caen. M. de Touchet, qui, en sa qualité de *Secrétaire de l'Académie*, a lu, le 21 avril 1735 (*), un Eloge historique du Président de Croisilles, n'a pas mentionné le fait suivant : Jean-Claude de Croisilles n'avait que vingt ans lorsqu'il perdit son père, Conseiller au Bailliage et Siége Présidial de Caen, qui, étant à son lit de mort, passa *Procuration ad resignandum* de sa charge de Conseiller en faveur de son fils, déjà Avocat au Parlement de Rouen. Jean-Claude de Croisilles fut donc pourvu de cette office vers la fin de l'année 1675 ; mais à la vérité il n'en remplit pas les fonctions, car il la céda aussitôt à Me. Pierre le Marchant du Rozel (**). M. de Croisilles abandonna ainsi la magistrature et le Bailliage, dont cependant plus tard il devait devenir le Président, pour embrasser la carrière militaire. Il servit le Roi dans l'Arrière-ban, et voyagea jusqu'en 1686. Cette même année il fut nommé Echevin de la Noblesse dans sa ville natale. Vers 1690, M. de Croisilles rentra dans la magistrature et fut revêtu de la charge d'*Avocat du Roy* qu'il exerça jusqu'en 1703, époque où il fut nommé Président du Présidial. Mort le 21 janvier 1735. — *Littérature* et *Poésie légère.*

(4) Jean-Baptiste PIÉDOÜE, Ecuyer, Seigneur DE CHANSIGNÉ, Héritot, Hernetot et autres lieux, né à Caen en octobre 1658, d'abord Lieutenant, puis Capitaine dans le régiment de Fontency en 1688, devint Procureur du Roy au Bureau des Finances de Caen, en 1695. Il était neveu de Huet. Mort le 12 avril 1735. — *Littérature* et *Poésie.*

(*) Voir les *Nouvelles littéraires* de Caen, année 1744, p. 169).

(**) C'est ce qui résulte des pièces originales que j'ai entre les mains, et qui me sont venues parmi les titres de la charge de Conseiller au Bailliage qu'exerça mon aïeul, J.-F.-R. de la Londe, ancien Adjoint au Maire de Caen, etc.

(5) M. Gosselin de Noyers fut Lieutenant-général de Police à Caen.

(6) Daniel le Sens, Sieur de Mons, né à Caen le 24 juin 1662, fut d'abord Lieutenant, puis Capitaine dans le régiment de Tessé (Dragons). En 1700, M. de Mons quitta le service, et ne le reprit qu'en 1703; il fut alors choisi pour Colonel d'un régiment auquel il donna son nom, et que fournit la ville de Caen pour aller sur les côtes de la Hogue s'opposer aux Anglais, dans le cas où ils auraient voulu opérer une descente. M. de Mons fut aussi pourvu de la charge de Lieutenant des Maréchaux de France, et, en 1724, il fut choisi par la ville de Caen pour remplir l'office de Maire qui était devenu électif. Telle fut la vie civile de M. de Mons; il reste maintenant sa vie Académique qui ne fut pas moins bien remplie. Après le départ de Jean de Carbonnel, M. de Mons fut choisi pour le remplacer dans la fonction de Secrétaire de l'Académie de Segrais, lorsqu'il n'avait encore que 23 ou 24 ans; mais il ne tarda pas à quitter cette société, ayant embrassé la carrière militaire. Cependant son goût pour les Belles-lettres ne disparut pas ; car lors des deux restaurations de l'Académie en 1705 et en 1731, M. de Mons fut compris parmi les Académiciens. De plus M. de Touchet, dans l'Eloge qu'il donna de M. de Mons (*), nous fait connaître que l'amour des lettres dont était doué ce dernier, eut beaucoup à souffrir quand l'Académie cessa de tenir ses assemblées. Aussi M. de Mons s'efforca-t-il de rassembler les anciens Académiciens pour en former une nouvelle Société Académique qui fut connue sous le nom de Thélémité. Voici en quels termes M. de Touchet s'exprime dans l'Eloge de M. d'Entremont (**) qui fut au nombre des *Thélémites* sur le compte de la Thélémité (***).

« C'étoit une Société de gens d'esprit et de sçavoir, qui s'assembloient toutes les semaines une fois, et qui, au milieu d'une petite fête, lisoient chacun à leur tour, des pièces de leur façon, soit en prose soit en vers. Là avec une liberté vraiement républicaine, l'on critiquoit ou l'on approuvoit, sans égard pour personne, tout ce qui venoit à rouler sur le tapis ».

M. de Mons était né protestant ; cependant, en 1715, après avoir d'une

(*) V. les *Nouvelles Littéraires* de Caen, année 1744, p. 591.

(**) *Ibid.*, année 1744, p. 382.

(***) Dans une brochure publiée dernièrement à Caen et intitulée les *Francs-Péteurs*, l'auteur met aussi M. de Mons au nombre des membres de la Société dite de *Francs-Péteurs* qui semble avoir quelques rapports avec la Thélémité.

manière sérieuse et désintéressée, examiné la question, il abjura et se fit catholique. Mort le 4 octobre 1741.— *Littérature.*

(7) Henri Cahagnes de Verrières né à Caen vers 1672, Doyen de l'Académie des Belles-Lettres dont il fut deux fois *Directeur* sous le *Protectorat* de Mgr. de Luynes. Mort à Caen en février 1755.— *Poésie Française.*—V. son article au N°. CCCXXVII, p. 76, du Second supplément du Parnasse François, par Titon du Tillet. On trouve aussi dans cet article quelques détails historiques sur l'Académie de Caen.

(8) Jean-François DE ST.-GERMAIN, Chevalier et Seigneur de St.-Pierre D'ENTREMONT, né dans cette paroisse en mars 1668. Il fit aussi partie de la société formée par M. de Mons et connue sous le nom de Thélémité, et de la *société* dite *des Francs-Péteurs* (V. ci-contre la note 6). Mort le 26 juillet 1735.—*Poésies* et *traductions*—V. son Eloge par M. du Touchet dans les *Nouvelles Littéraires de Caen*, année 1744, p. 382.

(9) Gabriel LE DUC, Chevalier, Seigneur de ST.-CLOU, de Fierville, de Couvert, né à Caen le 30 décembre 1664. Lieutenant des Marechaux de France. Mort le 23 février 1735.—*Littérature* et *Poésie.*

(10) L'Abbé Jacques BELIN, né à Blois, d'abord Précepteur de M. de Colbert de Croissi. Ce fut sans doute à cette circonstance qu'il dut la Cure de Blainville près Caen, car la *Maison de Colbert* possédait des biens considérables dans cette Paroisse qui fut érigée en *Marquisat* en faveur de cette famille; Jacques Belin remplit cette Cure pendant plus de cinquante ans. Lorsque M. de Mons, qui avait rempli les fonctions de Secrétaire de l'Académie de Segrais, quitta cette société, M. Belin fut choisi pour le remplacer. M. Foucault, dans les explorations qu'il faisait surtout à Vieux, était souvent accompagné de M. Belin, son ami, et ce dernier rédigea un compte-rendu des fouilles faites dans cette paroisse (*). En 1705, lors de l'établissement, par Louis XIV, de l'Académie de Caen, M. Belin en fut nommé le *Secrétaire perpétuel;* il remplit cette fonction jusqu'au moment où cette société cessa ses assemblées, c'est-à-dire vers 1714. A cette époque, il remit à F. R. De La Londe des Notes qu'il avait prises sur les séances de l'Académie. Ce sont elles que je publie (V. ci-après à la page 49). Mgr. de Luynes ayant rétabli l'Académie en 1731, M. Belin écrivit que *ses infirmités et son grand âge* le mettaient hors d'état de remplir la place de Secrétaire, à laquelle le roi l'avait nommé

(*) V. la *Statistique monumentale du Calvados*, dans laquelle M. A. de Caumont a donné ce document, t. 1, p. 137.

en 1705. Mort à plus de 80 ans le 6 février 1737—*Littérature, Poésie* (*)
et *Antiquités.* — V. le *Trésor de Littérature*, p. 262, année 1741, et les
Nouvelles Littéraires de Caen, p. 50, année 1741.

(11) Jean-Baptiste CALLARD DE LA DUCQUERIE, né à Caen en 1620.
Docteur et Professeur en Médecine à l'Université de cette ville, dans
laquelle il établit un jardin de Botanique. Mort en 1718.—*Botanique.*

(12) DE LA DOÜESPE, Sieur de ST.-OÜEN, Avocat au Parlement de Rouen,
né à Caen le 11 octobre 1664. M. de la Doüespe a composé un assez
grand nombre de pièces de poésie; quelques-unes surtout présentent de
l'intérêt pour l'histoire de l'Académie à cause de leur sujet qui a trait à
cette société ou à ses membres. On en trouve plusieurs dans un petit volume intitulé *Recueil de Poésies diverses du sieur D. L. D. D. S. O.
Nouvelle édit. revûe et corrigée. M. DCCXXV.* (sans nom de ville ni
d'imprimeur.) D'autres ont été publiées séparément et imprimées chez
J. Poisson qui peut-être a imprimé le recueil cité plus haut. Mort à An-
guerny le 26 octobre 1740.— *Poésie.*— V. son éloge par M. du Touchet
dans les *Nouvelles littéraires de Caen*, année 1744, p. 493.

(13) L'Abbé HÉBERT fut choisi comme *Lecteur* de l'Académie en 1705,
et remplit les mêmes fonctions depuis le rétablissement de l'Académie en
1731, jusqu'à l'époque de sa mort, arrivée le 3 février 1751.—*Poésie.*

(14) DE LA COUR-MALTOT, connu sous le nom de M. d'Auval. Mort en
1710.—*Poésie et Littérature.*

(15) Jean HERMANT, né à Caen vers 1650, Curé de Maltot près Caen.
Mort en octobre 1725.— *Histoire.*

(16) GAULTIER, Prêtre et Doyen des Chapelains fondés en l'église St.-
Pierre de Caen. Mort en mars 1714.—*Recherches historiques et Musique.*

(17) Michel DELOY, né à Caen. Professeur de Rhétorique dans cette
ville et ensuite à Paris. Je possède une lettre qu'il écrivit en 1705 à M.
Foucault. Je vais l'insérer ici à cause de quelques détails biographiques
que l'on y rencontre sur cet Académicien. Puis ce ne sera peut-être pas
sans intérêt qu'on y verra exprimée l'idée d'une *Galerie des hommes illus-
tres de Caen.*

Voici la lettre de M. Deloy à M. Foucault :

MONSIEUR

Permettez - moi s'il vous plaît de vous remercier très

<hr>

(*) Une Ode de l'Abbé Belin, en l'honneur de l'immaculée conception de la
très Sainte Vierge fut couronnée sur le Puy tenu à Caen l'an 1703.

humblement de toutes les bontés que vous continués d'avoir
pour notre ville de Caen et particulièrement de celles que vous
venés de lui témoigner par les Lettres-Patentes que vous lui avés
procuré pour l'affermissement de l'Académie, dont M. de Segrais
avoit jetté les fondemens (*). Elle avoit besoin d'un aussi digne
Protecteur que vous l'estes pour l'accomplissement d'un aussi
digne ouvrage. J'y prends d'autant plus d'intérêt, Monsieur, que
j'ai l'honneur d'être nai en cette ville, d'i avoir fait toutes mes
études avec notre digne Monsieur de Segrais qui m'avoit
toujours honoré de son amitié, pendant tout le cours de ces
mêmes études, et pendant celui que nous avons passé à
Paris, depuis l'honneur que me fit l'Université de Paris, de
m'évoquer pour i enseigner la rhétorique, après sept ans de
régence en celle de Caen, dès l'âge de dix-huit ans. Ce qui
m'a toujours fait dire d'elle à mon égard :

Hæc ævi mihi prima dies, hæc limina vitæ.

La dernière fois que je fus à Caen, en disnant avec Monsieur
de Segrais, chez lui, je lui proposais de tâcher à recouvrer
les portraits des grans hommes qui avoient honoré cette ville,
mais il me répondit que le lieu de l'assemblée étoit trop petit
pour les i placer. Je lui en avois offert trois, le premier de
M. Bochart, et le second de M. Sarrasin, sur lesquels M Begon
avoit fait graver les deux estampes qui sont avec les autres
qu'il a fait graver, à ce que m'a dit M. Pinson qui me les
avoit empruntés à ce dessein. Le troisième est de M. Savary
qui est l'unique que nous aions de lui, et que M. de Lasson
avoit peint lui-même. Madame veuve pour lors de M.
d'Agneaux, dont Monsieur Savary étoit parent ou allié me
le demanda ici, et je lui donné. Je ne doute pas si on en
avoit besoin qu'elle ne le donnât pour mettre avec les autres.
Si on tenoit l'assemblée en un plus grand lieu présentement
qu'elle est de trente-six personnes, on i pourroit joindre ceux
de Messieurs Dalechamp, des Yveteaux, Sorel, Rouxel,

(*) Cela ne veut pas dire, sans doute, que Segrais eût jetté les fondements
de l'Académie proprement dite, ce serait une erreur; mais qu'il s'agissait alors
de rassembler de nouveau les Académiciens que ce Poète avait antérieurement
réunis chez lui.

Gosselin, et les autres qu'on pourroit avoir. Je prends la liberté de rendre à Monsieur le Maître des Requestes mes très humbles respects, aiés le s'il vous plaît agréable.

Je suis avec un singulier respect

Monsieur

votre très humble et très obéissant serviteur

DELOY.

A Paris le 15 avril 1705.

Sur cette lettre on trouve la note suivante écrite par M. Foucault :

« Demander à M. Deloy le portrait. — A M. de Croisilles les portraits des Académiciens. »

M. Boisard dans ses *Notices biographiques des hommes du Calvados, etc.*, cite un Michel Deloy, né à Caen et mort à Paris en 1710, à l'âge de 85 ans ; mais il le qualifie de jurisconsulte, cependant il s'agit probablement du même personnage.

(18) Antoine GALLAND, né dans la Picardie, près de Montdidier, en 1646, fut en 1670 attaché à l'Ambassade de Constantinople, vint ensuite à Caen en qualité de Secrétaire de M. Foucault, nommé à l'Intendance de la Généralité de Caen en 1689. Galland fut admis à l'Académie des Inscriptions en 1701 et devint, en 1709, professeur d'Arabe au Collège de France. Mort en 1715. — *Orientaliste* et *Antiquaire*.

(19) Nicolas DU BOURGET DE CHAULIEU, né à Caen en 1632. Oratorien. Son frère ainé étant mort, Nicolas de Chaulieu quitta cette congrégation pour se marier. Mort à Ouézi (Calvados) le 14 février 1721.—*Poésie latine.*

(20) MORIN Sieur DU MENIL-GUILLAUME, connu pour son esprit cultivé et sa grande piété. Mort le 21 janvier 1729.

(21) GOUËT DU HAMEL, Docteur aux Droits et professeur de Philosophie au Collège du Bois. — Mort à Caen vers 1709.— *Poésie* et *Littérature.*

(22) Michel GOEFFREY, né à St.-Lo vers 1633. Professeur de rhétorique à Caen où il est mort le 26 février 1696. — *Poésie latine* et *Jurisprudence.*

(23) LE SUEUR DE COLLEVILLE, ancien Conseiller au Parlement de Rouen et gendre de Samuel Bochart.

(24) Hercules VAUQUELIN DES YVETEAUX (*), ancien Maître des Requêtes et Intendant en Languedoc. Il était fils de Guillaume Vauquelin des

(*) Je possède un travail de cet Académicien, intitulé *Description du Tay ou Té* [Thé] *la préparation, l'usage et la qualité* par M. des Yveteaux. Ms.

Yveteaux, Lieutenant-Général au Bailliage de Caen après que son frère, le fameux Vauquelin des Yveteaux, mort en 1649, eut résigné cette charge en sa faveur.

(25) Jacques LAIR, né à Burcy (Calvados), en février 1647. Professeur de rhétorique au Collège du Bois. Mort à Caen le 16 septembre 1698.— *Poésie latine* et *Langue grecque.*

(26) François PETIT, Docteur et Professeur aux Droits en l'Université de Caen, fut de l'Académie jusqu'en 1707.— *Discours* et *Poésies.*

(27) Guillaume PYRON, né à Hambie (Manche) le 21 octobre 1637, professa la rhétorique aux Collèges des Arts et du Bois, et ensuite le Grec à l'Université. Mort le 20 août 1684.—*Poésie latine, Commentaires* et *Traductions.*

(28) Pierre CALLY, né en 1655, au Mesnil-Hubert-en-Exmes, Curé de St.-Martin de Caen, Professeur de Philosophie et Principal du Collège des Arts. Il ne fut pas compris dans la liste des Académiciens, imprimée en 1705, cependant trois mois après sa mort, le 20 mars 1710, on lut à l'Académie une épitaphe en son honneur. Mort le 31 décembre 1709 à Caen, selon les uns, exilé à Moulins selon les autres.—*Polémique religieuse.*

(29) Voici encore trois noms que l'on peut ajouter à cette liste que F. R. De La Londe, du reste, ne donne pas comme complète. Ce sont : MM.

Jacques LE PAULMIER Sieur DE VENDŒUVRE, né à Vendœuvre en décembre 1624, était neveu du sieur de Grentemesnil (V. ci-dessus, p. 18, note 14). Il fut Brigadier des Armées du Roy et ch^{er}. de St-Louis. Mort le 13 avril 1702.—V. Le *Trésor de Littérature,* p. 296, année 1741.

L'Abbé DE LIONNIÈRE, membre de l'Académie de Segrais et l'un des quarante de l'Académie Françoise. Mort dans sa trentième année le 1er. juin 1697. V. le *Trésor de Littérature,* p. 496, année 1741.

Guillaume MARCEL, né aux environs de Bayeux, mort curé de Basly près Caen. M. Lange, d'après lequel je range Guillaume Marcel au nombre des Académiciens, nous a laissé sur ce personnage des renseignements biographiques défectueux. En effet, à la p. 250, déjà citée, il donne comme date de la mort de Guillaume Marcel le 10 avril 1682; mais précédemment à la p. 139 du même volume, il avait consacré un article à ce même personnage, qu'il faisait alors mourir le 26 février 1702, laquelle des deux dates faut-il donc admettre ? Ensuite, dans l'article du 10 avril 1682, p. 250, après avoir dit : que Guillaume Marcel entra chez les PP. de l'Oratoire qui l'envoyèrent professer la rhétorique à Rouen, en 1640 ; que ce prêtre professa ensuite dans les Collèges de Lisieux et des Grassins à Paris jusqu'en 1660, époque où il vînt gouverner la paroisse de Basly, qu'il avait eue par résignation dès l'an 1646; il place son admission dans l'Académie de Segrais qui *se formait alors* et ajoute : *peu de temps après* il devint Principal du collège de Bayeux le 3 septembre 1664. Cependant l'Académie de Segrais ne commença qu'en 1675. M. Lange dit après, que Guillaume Marcel, dégoûté de sa place de Principal, se retira dans sa cure en 1676, et ne cessa jusqu'à près de 90 ans de cultiver les belles-lettres qui faisaient ses délices. Ce fut sans doute à ce moment qu'il fit partie de l'Académie de Segrais qui était formée depuis un an. Mort à 90 ans. Le P. François Martin dans son *Athenæ Normannorum* donne l'année 1705 pour date de sa mort et M. L. Du Bois le 10 avril 1702.

(30) V. ci-dessus, p. 21 , la Note 43.

(31) V. ci-dessus, la Note 6.

(32) V. ci-dessus, la Note 10.

(33) V. ci-dessus, Note 3. M. de Croisilles avait épousé en premières noces Mademoiselle d'Acher du Menil-Vité; il était devenu ainsi le beau-frère de Segrais et Seigneur du Menil-Vité.

(34) Il existe encore plusieurs pièces de poésie tant imprimées que manuscrites, qui furent composées à l'occasion de ce rétablissement et en l'honneur de M. de Croisilles. On peut en voir quelques-unes dans un Recueil de pièces diverses réunies par le P. F. Martin, et qui se trouve aujourd'hui à la bibliothèque de Caen. L'Eloge de Segrais dont il est parlé ensuite est sans doute celui qui a été composé par l'Abbé Jacques Belin, et qui est imprimé dans le *Trésor de Littérature*, année 1741 , p. 264.

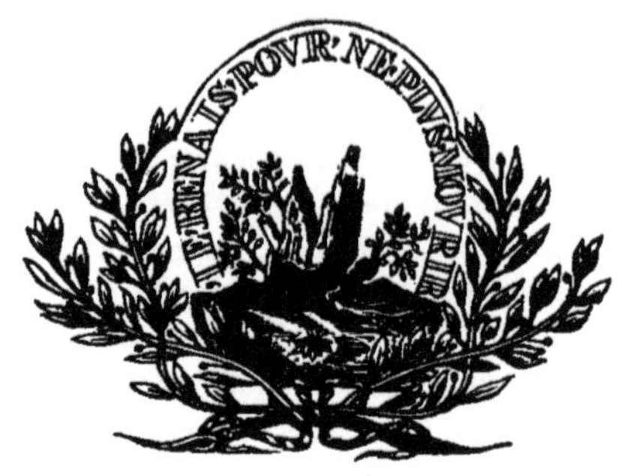

IV.

DE L'ÉTABLISSEMENT DE L'ACADÉMIE

COMME

ACADÉMIE ROYALE DES BELLES-LETTRES

PAR LETTRES-PATENTES DONNÉES EN 1705,

1705—1714—1731.

§ 1. ÉTABLISSEMENT DE L'ACADÉMIE ROYALE DES BELLES-LETTRES EN 1705. — LISTE DES MEMBRES EN 1705 ET DEPUIS CETTE ÉPOQUE JUSQU'EN 1714. — § 2. L'ACADÉMIE DISPERSÉE DE NOUVEAU EN 1714 JUSQU'EN 1731.

Es Académiciens qui se rassembloient chez M. de Croisilles, de l'avis même de ce dernier, nommèrent pour leur Protecteur M. de Foucault (1) alors Intendant de la Généralité de Caen. C'étoit un savant du premier ordre, soigneux et attentif pour le bien de cette ville, qu'il aimoit beaucoup. Il donna tous ses soins à l'Académie où il étoit très assidu, et la voyant remplie de personnes de mérite, il ne tarda pas à écrire au Roy en sa faveur. Il obtint de Louis-le-Grand des Lettres-Patentes données à Versailles, en janvier 1705, par lesquelles ce Monarque protecteur des Sciences et des lettres, établit à perpétuité dans la ville de Caen, cette société, sous le nom

d'*Académie Royale des Belles-Lettres de Caen.*

Louis XIV confirma à M. de Foucault le titre de *Protecteur* de l'Académie que les Académiciens lui avoient donné, et approuva les statuts, que M. de Foucault avoit en partie rédigés lui-même, et à la recommandation duquel le Roy nomma par ces mêmes Lettres M. de Croisilles *Directeur*, M. Belin, Curé de Blainville, *Secrétaire perpétuel*, et M. l'Abbé Hébert *Lecteur*.

LISTES DES MEMBRES

DE L'ACADÉMIE ROYALE DES BELLES-LETTRES.

EN 1705.

ANCIENS ACADÉMICIENS.

(V. p. 28 et 29 dans la liste des Académiciens du temps de M. de Segrais, les noms, au nombre de vingt, marqués d'une F.)

NOUVEAUX ACADÉMICIENS.

Suivent les noms de ceux qui n'avoient pas fait partie de l'Académie de M. de Segrais et qui sont mentionnés dans la liste imprimée en 1705, à la suite des Lettres–Patentes. Ce sont :

MM.

21. DE FOUCAULT (1) ;
22. DE CANCHY (2) ;
23. MALOÜIN (3) ;
24. AUBERT (4) ;
25. LE VIGNEUR (5) ;
26. DE LA DUCQUERIE (le fils) (6);
27. HALLOT (7) ;
28. LE CHARTIER (8);
29. BENCE (9);
30. FERON (10).

On voit par ces mêmes Lettres-Patentes, qu'outre le nombre de trente Académiciens, le Roy trouva bon qu'il fut admis dans l'Académie quelques personnes des Communautés Ecclésiastiques ou Régulières de la ville de Caen, avec le titre de *Surnuméraires*, sans pouvoir dépasser le nombre six. Voici leurs noms :

SURNUMÉRAIRES.

EN 1705.

1. DOM THIBAULT (11) ;
2. Le P. SERVOLLES (12) ;
3. Le P. DE VITRY (13) ;

    4. Le P. MARTIN (14) ;

    5. Le P. CARRON (15).

Les Lettres-Patentes originales, ainsi que les anciens registres de l'Académie se sont trouvés perdus ; il ne reste plus que la copie des Lettres-Patentes imprimée avec les statuts en 1705. Il m'en fut remis un exemplaire en 1714 par M. Belin (16) qui avoit été nommé par le Roy, *Secrétaire perpétuel ;* avec quelques *feuilles volantes* des séances publiques et particulières qui se tinrent depuis 1707 jusqu'en 1714 (27) (*), que l'Académie cessa de s'assembler.

Je trouve dans ces mêmes *Feuilles*, écrites de la main de M. Belin, les noms de quelques Académiciens qui manquèrent et de ceux qui les remplacèrent pendant le temps qui s'écoula depuis l'établissement de l'Académie jusqu'en 1714 :

ACADÉMICIENS MORTS OU AYANT QUITTÉ LA VILLE.	ACADÉMICIENS ADMIS A LA PLACE.
1. M. DE FOUCAULT, Intendant, absent.	1. M. FOUCAULT, Mis. DE MAGNY (17).
2. M. PETIT, mort.	2. M. DE VITRÉ (18).
3. M. BENCE, mort.	3. M. ALANO DE LA BONNODIÈRE (19).
4. Le R. P. DE VITRY, absent.	4. Le R. P. LEBRUN (20.
5. M. GOÜET DU HAMEL, mort.	. . . .
	. . . .
6. Le R. P. LEBRUN, absent.	5. Le R. P. AUBERT (21).
7. M. D'AUVAL, mort en 1710.	6. M. DE ST.-SUPPLIX (22).
[1710 mort de M. CALLY anc. Acad. du temps de M. de Segrais] (23).	

(*) Cette note contenant elle-même un des *Documents* que je publie a été placée la dernière à cause de sa longueur.

M. de la Ducquerie nommé *Directeur* en 1711 remercia
la Compagnie de l'honneur qu'on lui avoit fait, et proposa M. de Croisilles chez lequel l'Académie étoit re-
tournée après le départ de M. de Magny, en 1709, pour
Directeur de l'année suivante [1712-13], et on le pria
d'accepter. Les *feuilles* que M. Belin m'avoit remises avec
les Lettres-Patentes imprimées ne font plus mention des
années 1712 et 1713; il y eut cependant quelques séances;
car j'ai trouvé sur une de ces feuilles M. Aubert, Professeur de Philosophie du Collège des Arts, choisi comme
Directeur de l'Académie en 1714. [Année Académique
1713-14].

<h3 style="text-align:center">§ 2. L'Académie dispersée de nouveau en 1714
jusqu'en 1731.</h3>

CE fut dans le courant de l'année 1714, que les Académiciens cesserent de s'assembler (24). Depuis M. de
Brieux jusqu'à ce moment l'Académie avoit continué de
tenir exactement ses séances, il étoit bien triste de la voir
finir après soixante-deux ans d'assiduité ; mais ce seroit se
tromper que de croire qu'elle fut éteinte entièrement; le
même goût des belles-lettres qui avoit été l'apanage des
citoyens de Caen, y régnoit encore de la même manière
que lors de l'érection de l'Université en 1431. L'Académie
Françoise fondée à Paris en 1635 avoit de puissants protecteurs en état de la soutenir, de la gratifier, et de lui
accorder de puissants privilèges. Cette Capitale étoit remplie d'un nombre infini d'étrangers tous d'un mérite et
d'un savoir éminent. Caen, la Capitale de la Basse-Normandie, ne peut lui être comparée, cependant l'Académie
Françoise n'est antérieure à la sienne que de dix-sept ans.

De plus, l'Académie de Caen avoit des Séances publiques pendant neuf mois de l'année, sans compter les particulières qui se tenoient chaque semaine, tandis que celle de Paris n'en a qu'une chaque année où le public puisse assister, et quelquefois quelques autres par extraordinaire.

Si l'interruption qui arriva à l'Académie de Caen, faute de *Protecteur*, M. de Croisilles s'étant absenté (25), causa de la peine à tous ceux qui aimoient à s'occuper, et par leurs ouvrages à soutenir l'honneur d'un corps dont Louis XIV avoit honoré la ville de Caen, ils ne cessèrent jamais de travailler et de chercher les moyens de le rétablir.

On crut pouvoir obtenir cette faveur de feu Monseigneur de Lorraine, Evêque de Bayeux (26), il l'auroit bien voulu; mais certaines circonstances l'en empêchèrent (25). On attendit donc avec impatience cet heureux moment.

NOTES.

(1) Nicolas-Joseph DE FOUCAULT, né à Paris le 8 janvier 1643. D'abord Intendant à Poitiers, puis Intendant de la Généralité de Caen depuis 1689 jusqu'en 1706 qu'il résigna cette charge en faveur de son fils le Mis. de Magny. Mort le 17 février 1721. En 1695 M. de Foucault fit exécuter pour la première fois des fouilles au village de Vieux, afin d'explorer les antiquités Gallo-Romaines qui pouvoient s'y rencontrer.

(2) Thomas DU MOUSTIER, Ecuyer, Seigneur et patron de CANCHY, fut Conseiller honoraire au Parlement de Rouen, Lieutenant-Général au Bailliage et siège présidial de Caen et Maire de cette ville.

(3) Jacques-Laurent MALOÜIN, Docteur en Théologie, Curé de St.-Etienne en 1674, Principal du Collège du Bois, et Licencié aux Facultés des Droits, ancien Recteur de l'Université pendant les années 1678 et 1686. Mort le 16 avril 1718. Selon l'Abbé De La Rue. V. sa liste des curés de St.-Etienne.

(4) Georges AUBERT, né à Caen, fameux Professeur de Philosophie au Collège des Arts, fut le dernier Directeur de l'Académie en 1714, lorsque cette société cessa de s'assembler. Mort à Caen en 1723.— *Poésie latine et Française.*

(5) LE VIGNEUR, Prêtre, d'abord de l'Oratoire. Mort en 1721.

(6) Jean-François CALLARD DE LA DUCQUERIE, né à Caen, Docteur et Professeur Royal en Médecine en l'Université de Caen. Il étoit fils de Jean-Baptiste de la Ducquerie, aussi professeur de l'Université (V. p. 34, note 11). Lors du rétablissement de l'Académie en 1731, Jean-François de la Ducquerie fut nommé Secrétaire, à la place de M. Belin, et il en remplit les fonctions jusqu'à sa mort. Cependant en 1734, M. du Touchet lui fut adjoint et après ce dernier Ch.-G. Porée, en 1754. Mort en 1754.

(7) Jean HALLOT, né à Caen, d'abord Professeur d'Humanités, et ensuite de Rhétorique au Collège du Bois, fut plusieurs fois Recteur de l'Université de Caen. Il l'était encore en 1721 et fut remplacé par Jacques Crevel. Mort le 15 octobre 1741.

(8) Jean LE CHARTIER, né à St.-Martin-des-Besaces, en 1667, Prêtre, Curé de St.-Oüen du Breuil, ancien Recteur de l'Université de Caen.

Mort le 1er. novembre 1737. — V. son Eloge historique par M. du Touchel, dans lés *Nouvelles littéraires de Caen*, année 1744, p. 442.

(9) Bence fit aussi partie de la société fondée par M. de Mons et appelée *Thélémité.* Il fut remplacé à l'Académie le 29 novembre 1708, peu de temps après sa mort.—V. L'*Oraison funébre* de M. Bence, par M. de Verrières, dans le *Trésor de Littérature*, p. 393, année 1741 ; et dans les *Nouvelles littéraires de Caen*, année 1744, p. 389, quelques vers composés sur sa mort, par M. d'Entremont.

(10) Feron, Docteur et Professeur aux Droits en la célèbre Université de Caen. Mort le 17 février 1751.

(11) Dom Thibault, Prieur de l'Abbaye Royale de St.-Etienne, et plus tard Général dans son ordre.

(12) Le P. Servolles , Prêtre de l'Oratoire. Dans les *Sommaires des séances* (V. ci-après, p. 49) se trouvent mentionnés plusieurs travaux académiques du P. Servolles. V. séance du 7 décembre 1707, etc.

(13) Le R. P. Vitry, de la Compagnie de Jésus, professait les Mathématiques à leur Collège de Caen vers 1707, et ce même Père revint plus tard dans cette maison où il professa la Théologie vers 1718.

(14) Le P. François Martin, né à Caen vers 1640. Docteur de Sorbonne, Ex-Provincial des Cordeliers et Gardien du Couvent de Caen où il est mort en 1721.—*Bibliographie* et *Poésie.*

(15) Le P. Carron, Ex-Provincial des Jacobins. Mort vers 1716.

(16) V. sur M. Belin la note 10, p. 33.

(17) Nicolas-Joseph de Foucault, Marquis de Magny, fils de M. Foucault, Intendant de la Généralité de Caen (V. ci-dessus , note 1), remplaça son père dans cette charge, en 1706, ainsi que dans celle de Protecteur de l'Académie aux séances de laquelle il assistait assiduement.

En 1709, M. de Magny partit pour Paris d'où il écrivit à l'Académie (*). Mort, en 1772 , dans un âge très-avancé.

(18) De Vitré.— V. ci-après, p. 53, la séance du 24 novembre 1707.

(19) Alano de la Bonnodière.— V. ci-après, p. 59 , la séance du 29 novembre 1708. — *Traductions* et *Poésies.*

(20) Le R. P. Lebrun (Guillaume), né en 1674, entra chez les Jésuites, où il professa les belles-lettres avec distinction. Mort vers 1768.

(21) Le R. P. Aubert (J. M.) de la Compagnie de Jésus, était Professeur Royal de Mathématiques dans leur Collège de Caen, en

(*) V. cette lettre dans les pièces justificatives annexées au discours prononcé le 24 novembre 1853 par M. Charma, Président de l'Académie, p. 32, pièce III.

1710. —V. sur le P. Aubert, la p. 6, de l'ouvrage intitulé *Le Père André Jésuite, documents inédits pour servir à l'histoire philosophique du XVIIIe. siècle,* publiés par MM. A. Charma et G. Mancel.

(22) De Saint-Supplix, petit neveu de M. Le Blais du Quesnay. V. ci-dessus, p. 24, note 40.

(23) V. ci-dessus, p. 37, note 28.

(24) V. p. 71 du *Journal d'un Bourgeois de Caen ,* publié par M. G. Mancel, la note 2 extraite d'un Manuscrit de M. de Quens, où la cessation des assemblées de l'Académie est expliquée ainsi : « Un jour M. de Croisilles ayant été contredit par les Académiciens, il se fâcha et dit qu'il étoit bien étonné de cette résistance, tandis qu'il fournissoit sa maison et son feu. Les membres de l'Académie, choqués d'un tel reproche, se retirèrent et ne se rassemblèrent de nouveau qu'à l'arrivée de M. de Luynes, Evêque de Bayeux, qui leur fit arranger une salle dans son palais. »

(25) J'ai cru devoir reproduire ici le passage d'une lettre de F. R. De La Londe, quoique M. Charma vienne de le faire paraître sous le n°. V des pièces justificatives annexées à son discours pour l'ouverture de l'Académie en 1853, parce que F. R. De La Londe a commis une faute, d'inadvertance sans doute (du reste je n'ai que le brouillon de la lettre), que je ne dois pas laisser subsister, d'autant plus qu'elle n'existe pas dans son *Mémoire pour servir à l'histoire de l'Académie.* Voici ce passage :

« M. de Croisilles, Président au Bailliage et Siège Présidial de notre ville , beau-frère de M. de Segrais. . . . .
. . . . voulut dominer sur ceux qui composoient le corps de cette Académie, changer l'ordre des statuts ; chacun se retira et on ne tint plus de séances.

Après sa mort les membres quoique dispersés se rassemblèrent ; ils proposèrent à Mgr. de Lorraine, alors évêque de Bayeux, de les prendre sous sa protection, il l'auroit bien voulu ; mais quelques désagréments qu'il eut à essuyer de la part de quelques communautés de la ville l'en empêchèrent. C'est ce qu'il me fit alors l'honneur de me dire lorsque je le pressois de relever une Académie qui pourroit bien mériter son attention et ses bontés. »

On voit que F. R. De La Londe a commis une erreur lorsqu'il a dit, en parlant de M. de Croisilles, *Après sa mort, les membres quoique dispersés se rassemblèrent...* car M. de Croisilles n'est mort qu'en 1735 et fit encore partie de l'Académie lors de son rétablissement en 1731. Du reste, on a vu que, dans le *Mémoire pour servir à l'histoire de l'Académie*, il explique l'interruption des assemblées de l'Académie par *l'absence* de M. de Croisilles. Mais je crois qu'en s'exprimant ainsi, il a voulu user de bienveillance à l'égard d'un homme qui avoit été d'abord le protecteur zélé de cette société, et ne pas rappeler que M. de Croisilles avoit voulu se déclarer *Directeur perpétuel*, et disposer, à son gré, de l'Académie. Il est peut-être vrai aussi que M. de Croisilles, voyant que les membres de l'Académie lui opposaient une certaine résistance et tendaient à s'éloigner de lui, ait pris les devants en s'absentant lui-même de Caen, afin de laisser la société sans lieu de réunion.

(26) M. l'abbé de Lorraine fut pourvu de l'Evêché de Bayeux en 1718, à la place du Cardinal de la Trémouille nommé à l'Archevêché de Cambray. Mgr. de Lorraine ne prit possession de l'Evêché de Bayeux que le 20 mars 1720. Ce fut donc après cette époque qu'on lui proposa de relever l'Académie de Caen. Il mourut le 9 juin 1728, à l'âge de soixante-trois ans.

(27) (*) Je ne possède plus l'exemplaire des Lettres-Patentes et des statuts, imprimé en 1705 et remis en 1714 à F. R. De La Londe ; on peut en voir un exemplaire à la bibliothèque de Caen, dans un recueil de diverses pièces dont quelques-unes regardent l'Académie des Belles-Lettres, et ont été réunies par le P. François Martin.

Heureusement qu'il n'en est pas de même des *Feuilles volantes* écrites par M. Belin, que j'ai retrouvées parmi les manuscrits de F. R. De La Londe. Elles contiennent les sommaires des séances de l'Académie depuis 1705 jusqu'en 1714. L'année 1706 manque tout entière ; elle manquait du reste lorsque M. Belin remit ces feuilles à F. R. De La Londe, puisque ce dernier ne les fait commencer qu'en 1707 ; cependant l'une d'elles contient la première séance de 1705.

Je vais donner ici textuellement ces *Feuilles* dont M. Belin, secrétaire de l'Académie, est l'auteur. Elles pourront servir à faire connaître les travaux de l'Académie pendant cette période. Mais comme l'année 1705 ne s'y trouve pas tout entière, je vais y ajouter aussi quelques extraits

(*) Cette note se rapporte à la page 42 et n'a été placée là dernière qu'à cause de sa longueur.

de lettres écrites à Huet par le P. François Martin (*), elles se trouvent dans le carton que je possède et dont j'ai déjà parlé (**). Ces extraits feront connaître quelques-unes des séances de l'année Académique 1705-1706.

Pour ce qui concerne les séances de l'Académie depuis son rétablissement en 1705 jusqu'au 12 novembre de la même année, je n'ai pu rien trouver, après la première séance qui eut lieu le 2 mars 1705 et dans laquelle M. de Foucault prononça le discours d'ouverture et M. de Croisilles une réponse à ce discours.

SOMMAIRE DES SÉANCES

DE

L'ACADÉMIE ROYALE DES BELLES-LETTRES DE CAEN

DEPUIS 1705 JUSQU'EN 1714

PAR

M. BELIN, Secrétaire perpétuel de cette Académie (***).

ANNÉE ACADÉMIQUE MDCCV — MDCCVI.

Séance du jeudi 12 novembre 1705.

Le jeudi 12 novembre 1705, l'Académie s'étant rassemblée suivant ses statuts, elle fut honorée d'un grand concours de personnes des plus considérables de la ville.

M. le Président de Croisilles, Directeur, après en avoir reçu l'ordre de M. le Protecteur, a dit qu'il ne pouvoit prendre

(*) V. ci-dessus, la note 14, p. 46.
(**) V. ci-dessus, p. 25, au haut de la page.
(***) Pour les renseignements biographiques sur les Académiciens dont on trouvera les noms cités dans les sommaires suivants, il faudra voir ci-dessus, p. 40, la liste des membres de l'Académie en 1705, et p. 42, la liste de ceux qui furent admis depuis cette époque.

un sujet plus convenable ni plus utile pour l'ouverture de nos séances, que de remontrer à la Compagnie son obligation indispensable d'observer exactement ses statuts, que la sagesse de l'illustre Protecteur (*) qui les a dressés, l'authorité du premier Ministre qui les a approuvés, et la bonté du Grand Prince qui les a confirmés, doivent les lui rendre à jamais recommandables; que ce sera par cette fidélité que l'Académie se soutiendra avec éclat et pourra répondre aux grandes espérances qu'on en a conçues; qu'un des plus justes comme un des plus importants de ses statuts est celui qui l'engage à témoigner chaque année au commencement de ses exercices sa reconnoissance envers le Grand Monarque, par l'authorité duquel elle s'assemble, en célebrant ses vertus par un panégyrique, dont son règne si fécond en merveilles fournira toujours une matière inépuisable. Il en a fait lui-même un éloge court, mais délicat, et après avoir dit que se sentant trop foible pour un si grand sujet, la Compagnie aura plus de plaisir à l'entendre de la bouche de l'éloquent Académicien qui s'est chargé de cet employ, il a fini par un remerciment de l'honneur qu'on lui avoit fait de l'avoir élu pour premier Directeur. Il a ajouté que la fidélité due aux statuts, qui ordonne que cette qualité ne soit qu'annuelle, et ses occupations. . . . . [ici s'arrête le manuscrit].

EXTRAITS

RELATIFS A L'ACADÉMIE ET A QUELQUES SÉANCES POUR L'ANNÉE 1705-1706,
TIRÉS DE LETTRES ÉCRITES A HUET,

PAR LE P. FRANÇOIS MARTIN, CORDELIER (**).

A Caen 7 octobre 1705

. . . . , . Dans ces Mémoires (***)

(*) M. de Foucault. V. ci-dessus, note 1, p. 45.
(**) V. ci-dessus, la note 14, p. 46.
(***) Les Mémoires de Trévoux du mois d'août 1705.

où il est parlé de l'établissement de l'Académie des belles-
lettres à Caen , il est dit qu'elle fera revivre la mémoire des
Bochart, des Grentemesnil, des Morins, qui sont trois fameux
huguenots, et pas un seul mot de nos célèbres catholiques, et
ce sont néanmoins des Jésuites qui publient ces Mémoires. . .

. . . .

A Caen 22 novembre 1705

MONSEIGNEUR

Il n'y eut point jeudi dernier (*) d'assemblée académique ,
M. notre Intendant (**) s'étant trouvé indisposé et ayant fait
savoir qu'il n'y en auroit point. Le Seigneur Evêque (***) et
lui ne sont pas fort bien ensemble présentement. . . . .

. . . . , ... , . . . , ...

Au Pont-l'Evêque 9 décembre 1705

. . . . « Le jeudi (****) qui précéda le premier
dimanche de l'Avent, je pressai encore M. Malouïn de vous
faire tenir ce qu'il m'avoit promis tant de fois, je m'étonne
qu'il ne l'ait pas fait. Ce jour là M. des Yveteaux prononça un
assez beau discours sur l'honneur qu'on lui avoit fait de jetter
les yeux sur lui pour être *Directeur*. Ensuite M. l'Intendant
fit lire par le sieur Galland une relation qu'il avoit reçue de
ce qui s'étoit passé à l'Académie des Inscriptions ; on y lut ce
qu'y avoit dit le Sieur . . . . sur les
diverses récompenses que donnoient les anciens à ceux qui
s'étoient signalés ; puis un discours des festins des anciens (*****), et un autre qui étoit, comme je crois, de M.
Massieu de notre ville , pour la deffense de la poësie. Cette

(*) 19 novembre 1705.
(**) M. de Foucault.
(***) François de Nesmond. V. ci-après, p. 64.
(****) 26 novembre 1705.
(*****) Par M. de Mons.

lecture fut assez longue pour occuper la séance tout entière. .

. . . .

ANNÉE MDCCVII—MDCCVIII.

Séance du jeudi 7 novembre 1707.

L'Académie recommença ses séances — M. l'Intendant (*)
en fit l'ouverture — le P. Servolles y lut la continuation de
l'éloge historique du Roy. Il reprit depuis la paix de Ryswich.
M. Alano lut l'éloge du Roy en vers.

Séance du jeudi 24 novembre 1707.

M. l'Intendant a proposé à l'Académie d'élire un *Directeur*
suivant les statuts, et d'un commun consentement M. le Président de Noyers a été choisi. — M. de Vitré a fait demander
par M. des Yveteaux d'être reçu à la place de feu M. Petit ; ce
que la Compagnie a reçu avec joie. Elle a chargé le secrétaire
d'en donner avis à M. le Protecteur (**) , dont M. l'Intendant
a répondu de l'agrément par avance. Sur quoy M. de Vitré a
été accepté — Après ces délibérations M. d'Auval a fait part
à la Compagnie de la découverte d'un monument ancien en
forme d'autel sans aucune inscription. Il a seulement montré
une médaille ancienne trouvée dans le même lieu dont la lé-
gende est :

Lucillæ Aug. Antonini pii.

Au revers la figure d'une femme avec ce mot :

Hilaritas.

Sur quoy le P. de Vitry remarque qu'il y a deux *Lucilles* différentes dans l'histoire ; mais qu'on ne trouve de médailles que

(*) M. le M¹ᵉ. de Magny.

(**) Ce fait prouve que l'Académie conservait encore des rapports avec M. de
Foucault et que M. de Magny était regardé comme un Vice-Protecteur ; dans
quelques uns de ces sommaires ce dernier est désigné sous le titre de *Chef.*

de celle ci. — Le même P. de Vitry a lu une dissertation qui lui a été adressée pour la Compagnie par M. Galland sur une médaille du cabinet de M. Foucault, qui porte d'un côté, la tête d'une femme avec le diadème, un collier de perles et le bord d'un manteau brodé de perles, avec le nom de Cléopâtre en grec ; au revers, la figure d'une victoire qui porte sur son épaule une branche d'olivier, et a deux épis de bled au devant d'elle, avec ces mots : Αυ τ. τες

M. Galland prétend qu'elle a été frappée pour Bérénice, maitresse de Titus, et qu'il doit y avoir un iôta entre les deux τ.τ.

Séance du jeudi 1er. décembre 1707.

Le P. Servolles a parlé sur les anciens Gaulois. Après avoir fait remarquer que le sentiment qu'a chaque nation d'avoir une divine origine est une preuve que l'homme est sorti des mains de Dieu ; que dans la suite des temps la fable a obscurci cette vérité, ce qui a donné naissance à la foule de fausses divinités que chaque peuple a adoré en particulier ; et que toutes ses fables n'étoient que des allégories ou des symboles de l'origine de l'homme, dont il a rapporté divers exemples.

Il dît que les Gaulois en particulier au rapport de César ne se sont pas donné une origine moins illustre, et leurs Druides leur ont persuadé qu'ils ont eu pour père Plutus le dieu des richesses, ce qu'on peut prendre pour une marque de la fertilité et de la beauté de leur pays. Laissant ensuite les fables, avec le même César il fait venir leurs colonies d'au delà du Rhin. Joseph les fait descendre de Gomer fils de Japhet. Pour leur nom, il vient, dist l'autheur, du mot grec γαλα, qui signifie du lait à cause de leur blancheur ; ou des crêtes en forme de celles de coq qu'ils portoient sur leurs casques ; ou du mot *Wal* qui signifie forêt en langue celtique, parce que les Gaulois tenoient leurs assemblées dans les forests, que leurs Druides croyaient principalement consacrées pour leurs actes de religion.

L'ancienne Gaule, suivant l'autheur, estoit estandue depuis.

les Pyrennées, la Méditerranée, et le Rhin avec une partie de l'Italie. Elle étoit divisée sous divers noms : *Togata, Braccata, Comata.* On sait que ces noms signifient leurs diverses manières de se vêtir.

La *Gallia Togata* se subdivisoit encore par rapport à Rome en *Gaule cispadane* en deçà du Pô, *Transpadane* au delà.

La *Braccata* contenoit tout le pays de Provence, et provinces voisines.

La *Comata* ou *Gaule Chevelue* se divisoit encore en *Belgique, Celtique,* et *Aquitanique.* La *Belgique* s'étendoit de la Picardie dans toute la Flandre ; on place la *Celtique* entre la Seine, l'Océan, la Garonne, et la ville de Lyon ; l'*Aquitanique* avoit pour limites l'Auvergne, la Garonne, l'Océan et les Pyrennées.

On appelait *Gaule Armorique* tout le pays qui est le long de l'océan.

L'autheur prétend que ces grands pays ne suffisant pas encore pour nourrir un peuple fécond, des colonies ont passé en Espagne, le long de l'Ebre, dans le Portugal, la Galice, et dans plusieurs provinces d'Angleterre dont les noms marquent encore que leurs habitants sont descendus des Gaulois ; enfin jusque dans la Grèce d'où est venu le nom de *Galates*, autrement *Gallo-græci.*

L'autheur prétend que, dès le commencement, les Gaulois se partageoient comme aujourd'hui en trois *états*, le *Clergé*, la *Noblesse*, et les *Plébéiens* avec les mêmes fonctions de la religion, de la guerre, et de la culture de la terre et des arts. Il s'est renfermé dans cette première dissertation à ne parler que de leurs prêtres qui portoient le nom de *Druides* soit qu'ils l'eussent emprunté de la ville de Dreux où ils faisoient leur séjour, soit du mot grec δρυς qui signifie *chêne*, parce que les Druides attribuaient de grandes vertus à cet arbre qu'ils croyoient consacré au premier de leurs dieux, et qu'on sait qu'ils en recueilloient tous les ans le *Guy*, avec beaucoup de cérémonie, le premier jour de l'année, d'où est venu le mot *Languy, l'an neuf.*

Les Druides étoient les seuls prêtres dans les Gaules et les seuls qui se mesloient des sciences. Ils mestoient en vers ordinairement et les mystères de leur religion et l'histoire de leur pays, ce qui les a fait appeler aussi *Bardi*, nom Gaulois qui signifie *Poëtes*. Ils entroient dans tous les conseils de la nation et l'on n'entreprenoit rien de considérable que par leurs avis. Le Chef qui s'élisoit à la pluralité des voix et les principaux avoient établi leurs demeures aux environs de Chartres, comme le centre de toutes les Gaules dont ils envoyoient parmi toute la nation pour y rendre la justice, y exercer la religion et cultiver les sciences. Ils enseignoient l'immortalité de l'âme, et qu'elle passoit d'un corps à l'autre, ce qui ne servoit pas peu à donner du courage à cette nation Ils élevoient la jeunesse dans des collèges au milieu des forests, ne l'instruisant que par mémoire pour ne pas divulguer pas des écrits les mystères de la religion. C'est une question parmi les savants, si leur doctrine estoit mise en vers ou seulement distinguée par versets. Le mot de *versus* estant équivoque, l'autheur accorde ces différens sentimens. Il prétend que les mystères de la religion, les actions des grands hommes estoient en poësie ; mais que les explications n'estoient qu'une prose sententieuse et par maximes distinguées en versets. Ces peuples estoient fort zélés pour leur religion et meprisoient celles de toutes les autres nations. Ils attachoient à leurs chênes les têtes des animaux pris à la chasse et les dépouilles de leurs ennemis. Ils les arrosoient de sang humain ; mais il n'immoloient que des homicides, des voleurs publics, et autres scélérats. Selon eux le sacrifice n'estoit pas moins agréable aux Dieux qu'utile à la société ; quoique cette barbare coutume ait été interdite dès le temps d'Auguste, elle n'a entièrement cessé dans les Gaules que par l'établissement du Christianisme.

Un sujet de dispute parmi les scavants est de scavoir quel estoit le langage des Gaulois.

L'autheur appuye ceux qui ont cru qu'ils parloient grec à cause d'un grand nombre de mots françois derivés de cette langue. Le nom même de Druide en vient. Marseille et Lyon ont esté de scavantes écoles de la langue grecque ; et il **y** a beaucoup d'apparence que le Gaulois en estoit une corruption.

L'autheur promet de continuer ses recherches sur les *Nobles* et les *Plébeïens*, si cette première dissertation a eu le bonheur de plaire.

Séance du vendredi 9 *décembre* 1707.

M. le Président de Noyers prit la place du *Directeur* et remercia la Compagnie de l'honneur qu'on lui avoit fait en la lui déférant. Il dist qu'il ne s'estoit proposé que de garder le silence content de profiter des lumières des autres, etc. **M.** le Marquis de Magny lui répondit—**M.** de Vitré fit ensuite son remerciment. **M.** l'Intendant lui répondit—On lut du journal des scavants l'extrait d'une réponse à **M.** de Fontenelle sur son livre des *Oracles du paganisme.*

Séance du jeudi 15 *décembre* 1707.

Le **R. P.** de Vitry vint prendre congé de l'Académie et lui fit part de l'honneur que lui a fait Monseigneur l'archevêque de Cambray de l'attacher auprès de luy. Il fut remercié par **M.** le Chef (*) de l'honneur qu'il a fait à la Compagnie par son assiduité et par les excellens discours qu'ils y a faits et chacun en particulier luy a marqué le regret qu'il avoit de sa perte—Le **P.** de Servolles relut pour la seconde fois sa dissertation sur les anciens Gaulois, à la prière de **M.** de Magny qui ne s'estoit pas trouvé à la première lecture. On fit une reflexion sur l'étimologie du nom Gaulois. L'auteur penche à le faire dériver de *Wal* qui signifie *forest* plutot que du mot grec γαλα qui signifie *lait.* Mais **M.** Chartier fit remarquer que César dans ses Commentaires a dit que les peuples qu'on nomme Celtes se nomment en latin *Galli*, ce qui prouve que

---

(*) **M. le Marquis de Magny.**

ce mot vient plutot du grec ; puisque la langue *Wallone* n'estoit pas encore alors, et l'on remarque que les anciens en parlant des Gaulois leur ont souvent attribué, *lactea candida colla* ou *lactea corpora.*

Séance du jeudi 22 décembre 1707.

Lecture des journaux.

Séance du jeudi 29 décembre 1707.

L'Académie ayant jugé à propos de reprendre la traduction des Géorgiques par M. de Segrais et de faire son occupation ordinaire de l'examen de cet ouvrage, on commença cette lecture par l'invocation du poëte, lorsqu'il adresse la parole à César. M. Chartier fit remarquer que M. de Segrais a nommé le signe de la balance, que le Poëte latin a omis à dessein pour donner place à l'astre de César entre les deux signes conformément à l'opinion des Chaldéens qui ne comptoient pas celui de la balance et n'en connoissoient qu'onze, ce qui fait une beauté dans le Poëte que le Traducteur diminue en la nommant, puisqu'occupant la douzième place il n'en restoit plus pour César. Cette reflexion a paru très juste à la Compagnie. — M. le Secrétaire a esté chargé d'écrire à M. Foucault au nom de la Compagnie pour lui renouveler le témoignage de sa reconnoissance, et lui demander la continuation de sa protection.

Séance du 5 janvier 1708.

La Compagnie fit par la bouche de M. le Directeur ses compliments à M. de Magny, son chef sur le renouvellement des séances et lui demanda la continuation de ses bontés pour elle. — On reprit ensuite la lecture des Géorgiques.

Séance du jeudi 17 *janvier* 1708.

M. Hallot a parlé de l'origine de l'idolatrie. Il a commencé
par l'étimologie du mot, dérivé des mots grecs εἴδωλον et
λατρεία dont il a rapporté les trois sens qu'on leur donne. Il a
divisé son discours en deux parties ; dans la première il a
traité de l'origine ; dans la seconde il a promis de parler des
divergences de l'idolatrie. Il a rapporté les différentes opinions
de ceux qui font remonter l'origine dès auparavant le déluge
et même jusqu'à Caïn, ce qu'il a détruit par les raisons de
Vossius prises contre le Rabin Marmonides et après avoir
rapporté les fables de plusieurs autres Rabins au sujet de Tharé
et d'Abraham, il s'est enfin arrêté à l'opinion la plus commune qui fait Nemroth (sic) auteur de cette impiété ce qu'il
a prouvé par le consentement de Bochart, de M. Huet, de
Vossius, et de presque tous les savants modernes appuiés de
l'Ecriture Sainte et des Pères.

Séance du jeudi 26 *janvier* 1708.

On a continué la lecture du livre des Géorgiques de la traduction de M. de Segrais.

Séance du jeudi 3 *fevrier* 1708.

M. Alano de la Bonnodière a lu les premiers chapitres de sa
traduction des cantiques (*), et a reçu plusieurs avis.

Séance du jeudi 16 *fevrier* 1708.

M. de la Ducquerie le fils a présenté à la Compagnie de la

(*) *Le Cantique des Cantiques, Pastorale sainte.* à Monseigneur, et Madame,
le Duc, et la Duchesse de Bourgogne par M. de la Bonnodière. A Caen, chez
G. R. Poisson, M. DCCVIII avec approbation et permission — in-8°. A la p. 8
se trouve l'énumération des traductions du même auteur, imprimées antérieurement à Paris.

part du P. Sanadon Jésuite, le Recueil de ses poësies sur la naissance du prince des Asturies. Elle ont été lues avec l'applaudissement de tout le monde. M. le Président de Croisilles s'est chargé d'écrire au Père pour le remercier.

Séance du jeudi 23 fevrier 1708.

On a lu le discours de M. le Marquis de M...... fait a sa réception à l'Académie Françoise, et la réponse de M. de Sacy.

Séance du jeudi 1ᵉʳ. mars 1708.

M. de la Doüespe a présenté à la Compagnie trois odes françoises, elles ont été lues avec applaudissements et il en a été remercié. — Ensuite on a continué par la lecture des Géorgiques.

Séance du jeudi 8 mars 1708.

Le journal des sçavans — les Géorgiques.

Séance du jeudi 15 mars 1708.

Les Géorgiques.

Séance du jeudi 22 mars 1708.

Les Géorgiques.

Séance du jeudi 29 mars 1708.

Les Géorgiques.

Séance du jeudi 19 avril 1708.

Les Géorgiques.

Séance du jeudi 26 avril 1708.

Les Géorgiques.

Séance du jeudi 3 mai 1708.

M. de Chaulieu a lu la traduction latine qu'il a faite du
Temple de la mort.

L'absence de la plupart des Académiens rendit les assemblées peu nombreuses le reste de l'année, et la Compagnie ne
s'occupa que de la lecture des journaux et autres ouvrages
publics.

Année MDCCVIII—MDCCIX.

Séance du jeudi 22 novembre 1708.

L'ouverture de l'Académie ayant été remise jusqu'à ce jour.
Elle fut honorée de la présence de Monseigneur l'Evêque de
Bayeux (*) et d'un nombreux concours de personnes de tous
les ordres de la ville. — Le Panégyrique du Roy fut prononcé
par M. Hébert lecteur de l'Académie (**) M. l'Intendant répondit. — Après ces deux discours Monseigneur l'Evêque de
Bayeux présenta à la Compagnie le discours que Monseigneur
l'Evêque de Thoul fit à l'ouverture du Parlement de Paris, et
demanda qu'il fût lu. — M. de la Doüespe fit présenter à la
Compagnie la traduction en vers françois d'une lettre ita-
lienne. Elle fut lue et reçut l'approbation et les remerciments
qu'elle mérite.

Séance du jeudi 29 novembre 1708.

*La Compagnie après une délibération a arrêté d'un consen-
tement général que dorénavant l'élection du Directeur se fera*

(*) Mgr. François de Nesmond LXXIII Evêque de Bayeux né à Paris le 1er.
septembre 1629, fut sacré Evêque de Bayeux le 19 mars 1662. Mort à Bayeux
le 16 mai 1715.

(**) Imprimé à Caen, en 1709, chez François Vauvrecy demeurant à Froide-
rue, in-4°. de 15 pages.

au sort et cette élection a esté remise à la séance prochaine. —
M. Alano de la Bonnodière s'est présenté pour être reçu
à la place de M. Bence. La Compagnie ayant délibéré
sur sa demande et les avis pris par M. l'Intendant, chef de
l'Académie, il a été reçu. — *Il a esté arrêté aussi d'un commun
consentement que chaque Académicien donnera chaque année
un discours académique sur telle matière qu'il jugera à propos,
faute d'y satisfaire, il sera prié de s'absenter.* — M. de la Bonnodière a demandé la permission de lire un éloge du Roy,
qui a reçu les louanges qu'il mérite.

Séance du jeudi 6 décembre 1708.

L'élection au sort a été faite du Directeur. Il a esté favorable à M. de Charsigné. — M. de la Bonnodière a remercié la
Compagnie par un discours auquel M. de Magny a répondu.
— M. de la Ducquerie le fils a lu la première partie d'une dissertation sur les signes des poisons avalés.

Séance du jeudi 13 décembre 1708.

M. de Charsigné, Directeur, a fait son discours d'entrée dans
sa fonction. — M. de la Ducquerie a achevé la lecture de sa
dissertation sur les poisons.

Séance du jeudi 20 décembre 1708.

M. Aubert a lu une dissertation physique sur les causes
des différens phénomènes des corps massifs et liquides, dans
la différence de leur mouvement en tombant.

Séance du jeudi 3 janvier 1709.

Les journaux.

Séance du jeudi 10 janvier 1709.

M. de la Bonnodière lut à la Compagnie la traduction de
trois Psaumes sur laquelle il reçut les avis de la Compagnie

—Après quoy on lut les journaux.—Il fut résolu d'écrire à M. le Protecteur sur la nouvelle année. Le secrétaire en fut chargé.

Séance du jeudi 17 janvier 1709.

Les journaux.

Séance du jeudi 27 janvier 1709.

M. le Chartier proposa la difficulté de ces paroles ; *Tabernaculum vitio captum.*

Séance du jeudi 31 janvier 1709.

M. le Chartier commença à lire à la compagnie sa dissertation sur ces paroles de Cicéron : *Tabernaculum vitio captum.*

Séance du jeudi 14 février 1709.

M. de la Ducquerie, le fils, lut la première partie d'une dissertation sur les métaux que M. son père avoit promise.

Séance du jeudi 21 février 1709.

M. de la Ducquerie, fils, acheva la dissertation de Monsieur son père.

Séance du jeudi 28 février 1709.

M. Gaultier lut un discours sur les machines de guerre et commença par l'étimologie du nom et l'antiquité. . . . .

ANNÉE MDCCIX—MDCCX.

Séance du jeudi 14 novembre 1709.

L'Académie recommença ses séances et fut honorée d'une nombreuse assemblée de tous les ordres de la ville. — M. de la Ducquerie, fils, prononça l'éloge du Roy, et fist voir dans la première partie, sa magnanimité à offrir la paix à ses ennemis en se réduisant pour le bien de ses peuples à des conditions moins avantageuses pour ses intérests ; et dans la seconde cette même magnanimité, lorsque les Puissances liguées contre lui, orgueilleuses de quelques avantages, ont refusé les offres que ce Grand Prince leur a faites. M. de Charsigné, Directeur, répondit à son discours. L'un et l'autre remplirent avantageusement l'espérance qu'on en a avoit eue. — Après ces deux discours M. le Secrétaire présenta une lettre (*) que M. de Magny lui avoit adressée par laquelle il marquoit à la Compagnie le déplaisir qu'il avoit d'être parti sans prendre congé d'elle s'excusant sur ce que les séances étoient suspendues lors de son départ. Il l'assure que le souvenir de la douceur d'un commerce si agréable dont cependant ses affaires ne lui ont pas permis de profiter autant qu'il l'auroit souhaité peut seul diminuer le plaisir qu'il goûte dans le repos dont il jouit. Il demande la grâce d'être toujours avoué comme un de ses membres, et dit qu'il se trouveroit heureux de pouvoir rendre service à une Compagnie qu'il honorera toujours. La lecture de cette lettre remplit tout le monde de reconnoissance et de regret de l'avoir perdu. On remit cependant à la prochaine séance à y répondre. — M. de la Doüespe présenta ensuite la traduction en vers d'un endroit du livre de l'Enéide. Elle fut fort louée. — M. Alano de la Bonnodière dist quelques vers qu'il avoit faits pour M. et Mme. de la Briffe (**). Ainsi finit la séance.

Séance du jeudi 21 *novembre* 1709.

La Compagnie ayant délibéré sur la réponse qu'on devoit à

(*) V. cette lettre aux pièces justificatives annexées au Discours de M. Charma, pièce III.

(**) Pierre Arnault de la Briffe, Chevalier, Marquis de Ferrières, fils de M. de la Briffe, Procureur général au Parlement de Paris, remplaça, en 1710, M. Foucault de Magny dans la fonction d'Intendant de la Généralité de Caen.

M. de Magny en chargea M. le secrétaire se remettant à lui
de lui exprimer toute sa reconnoissance.—*On proposa ensuite
l'élection d'un nouveau Directeur et sans avoir égard à l'acte
arrêté l'année précédente, on élut publiquement M. d'Auval,*
sans avoir égard aussi à ce que quelques-uns représentèrent
d'abord que ses infirmités ne pouvoient pas faire espérer qu'il
honorast souvent la Compagnie de sa présence ; l'envie qu'elle
a eue de lui témoigner son estime, et le respect qu'elle a eu
pour lui, ne fist faire aucune attention à cette difficulté. Il
fut résolu qu'on ne laisseroit pas de lui mander la résolution
de la Compagnie. M. Hébert, Lecteur, s'en chargea.— M. le
Secrétaire représenta qu'il vaquoit une place par la perte que la
Compagnie a faite de **M.** Duhamel, ancien Professeur de Philosophie, mort pendant les vacations, et que la Compagnie
avoit à délibérer sur le choix de quelques personnes qui de-
mandoient à remplir cette place.— M. des Yveteaux remontra
que M. de Magny ne pouvoit plus en estre le Chef et demanda
qu'on le reconnût pour un de ses membres, ce qui ne pouvoit
lui être refusé, la place ne devoit point estre censée vacante.
Cet avis fut suivi et M. le Secrétaire chargé de joindre cet
article à ceux de sa lettre. — *Il fut ensuite résolu que dorénavant pour la commodité commune on s'assembleroit depuis* 3
heures jusqu'à 5 heures.— Après quoy M. Hébert lut son Ode
latine sur les vœux de la paix. Elle fut fort louée par la Compagnie.— M. le lecteur lut ensuite des vers latins sur le Roy,
que le Père Brumoy (*), jésuite, a fait l'honneur à la Compagnie de lui présenter et en distribua des exemplaires à la
Compagnie. Il fut chargé de l'en remercier et de lui marquer
l'estime que la Compagnie en a fait.

Séance du jeudi 28 novembre 1709.

M. d'Auval remercie la Compagnie du choix qu'elle en a
fait pour Directeur. Il dist que ce choix le jettoit dans un

(*) Le P. Brumoy (Pierre) né à Rouen en 1688 ; mort à Paris le 15 avril
1742. Historien, Littérateur et Poète latin.

grand embarras que d'un costé il craignoit par son insuffi-
sance de ne pas remplir dignement cette place, de l'autre
qu'en s'excusant de la recevoir, il ne semblât accuser le jugement de l'Académie ; qu'il trouvoit sa ressource dans l'espérance que ses lumières rejailliroient sur lui, pour représenter
dignement la bonté du Roy dans l'établissement de cette
Compagnie ; l'obligation qu'on avoit à M. Foucault pour l'avoir
procurée pour honorer les mânes de M. de Segrais ; la générosité de M. de Croisilles dans l'honneur qu'il fait aux Muses
de leur donner une retroite, et d'orner leurs festes avec tant
de magnificence ; enfin il a loué le Roy de sa modération en
offrant aux ennemis des conditions si propres à donner la paix
à l'Europe, et de sa constance dans les revers d'une fortune
qui jusqu'ici avoit été constamment si favorable. — M. des
Yveteaux proposa ensuite à la Compagnie d'examiner ce que
les anciens entendoient par ces mots *animus* et *anima* et ex-
pliqua lui-même ce terme d'*animus* par un *Estre universel* qui
est comme l'âme et le principe de tout le mouvement de la
nature, qui n'est ni esprit intelligent, ni matière. Cette opinion ayant donné lieu à beaucoup d'objections, on résolut
d'examiner cette question à la prochaine séance.

Séance du jeudi 5 décembre 1709.

M. de Colleville lut un discours de M. Bochart, sur ces paroles de la Genéze, *inspiravit spiraculum vitæ*, allocution de
la question proposée à la séance précédente par M. des Yveteaux. — M. Aubert fist proposer à la Compagnie son ode
latine intitulée *votum pro pace*.—M. d'Auval, Directeur, proposa le P. le Brun pour remplir la place du P. de Vitry, ce
que toute la Compagnie agréa.

Séance du jeudi 12 décembre 1709.

L'Académie ayant agréé le P. le Brun, il se présenta et fist son remerciment. Il lut ensuite une ode latine sur la paix. M. d'Auval, Directeur, répondit.—M. Hallot lut une ode latine, sur le choix de M. de la Briffe pour être juge des pièces du Palinod.

Séance du jeudi 19 *décembre* 1709.

L'assemblée à cause des festes prochaines fut indiquée au 2 janvier.

Séance du jeudi 2 *janvier* 1710.

Les devoirs qu'on se rend dans ces jours furent cause que peu de personnes se trouvèrent à l'assemblée qui se passa , après les compliments réciproques , dans une conversation entre sept ou huit personnes.

Séance du jeudi 9 *janvier* 1710.

On lut la traduction françoise de l'ode latine du P. le Brun.

Séance du jeudi 16 *janvier* 1710.

M. Gaultier lut une seconde partie de ses remarques sur la manière des Romains dans l'attaque des places.

Séance du jeudi 23 *janvier* 1710.

Après que la Compagnie eut fait ses complimens à M. le Président de Croisilles , sur son nouveau mariage (*) elle lut plusieurs ouvrages de poësie faits sur le même par quelques uns de la Compagnie et par le P. Brumoy jesuite, qui les envoya. — M. Gaultier lut la suite de ses remarques sur les différentes machines dont les Romains se sont servis dans les

(*) M. le Président de Croisilles épousa, en secondes noces, Mademoiselle de Bénouville.

sièges des places. Cette partie troite des tours volantes dont il
a rapporté les différens usages, aussi bien que celles dont , à
l'imitation des nations qu'ils ont subjuguées, ils chargeoient
le dos des Eléphans , et il a rapporté plusieurs troits de l'histoire ancienne. Il a promis de continuer ce travail.

Séance du jeudi 30 *janvier* 1710.

L'Académie voulut délibérer de députer quelques uns des
Académiciens pour faire complimens à Madame de Croisilles ;
ce que M. de Croisilles, présent , remercia de l'honneur qu'on
vouloit lui faire. — On lut ensuite un poëme latin sur les
Serius par le R. P. Beuville de la Compagnie de Jésus et présenté par le P. le Brun. La séance fut occupée tout entière
à cette lecture, dont toute la Compagnie témoigna sa satisfaction.

Séance du jeudi 6 *février* 1710.

Le R. P. le Brun a lu un dialogue entre Cléanthe et Eu-
doxe sur le *ris*. Les deux interlocuteurs rapportent chacun ce
qu'il sçoit plus à l'avantage, l'un, de l'humeur enjouée qui
porte à rire de tout ce qui se passe, et l'autre, de ce qui
porte à pleurer de la misère humaine. Cet ouvrage est meslé
de plusieurs vers latins qui prouvent les deux sentimens.
Après avoir troité cette matière d'une manière galante et
agréable , il promit de continuer à la troiter physiquement. —
— M. Gaultier a rempli le reste de la séance par la suite de
ses dissertations sur les machines des anciens.

Séance du jeudi 13 *février* 1710.

Après la lecture d'un discours fait à l'Académie de Paris ,
M. Gaultier lut la suite de ses recherches sur les machines de
guerre des anciens. Il troita en cette partie du *Beslier* dont il

prouva par plusieurs autheurs que les Tyriens ont été les inventeurs, et furent les premiers qui, après leur établissement en Afrique, se servirent de cette machine. Il fist remarquerqu'il y en eut de trois sortes , de simples portés par des hommes : de composés qui estoient suspendus et qu'on poussoit, enfin de couverts et a fait la description de ces trois sortes.

Séance du jeudi 13 *mars* 1710.

Le R. P. le Brun fist la lecture d'une dissertation sur le mouvement.

Séance du jeudi 20 *mars* 1710.

Après la lecture d'une épitaphe faite à la mémoire de M. Cally (*) pour lequel la Compagnie tésmoigna une vénération particulière, M. Gaultier continua la lecture de ses recherches sur les armes. Il dist qu'après ce qu'il avoit remarqué sur celles des anciens, il ne lui restoit plus qu'à parler de celles qui sont aujourd'huy en usage , et que comme la poudre à canon en est l'âme, il en recherchera l'autheur et la composition.

Année MDCCX-MDCCXI.

Séance du jeudi 13 *novembre* 1710.

L'Académie fut honorée de la présence de M. de la Briffe Intendant , et M. Feron en fist l'ouverture à l'ordinaire par le panégyrique du Roy. Après avoir remercié du choix qu'on avoit fait de luy pour une si grande action qu'il trouvoit beaucoup au dessus de ses forces, et fait ses excuses de l'avoir entrepris sur l'obéissance qu'il devoit aux ordres qui l'en

(*) On trouve à l'Article *Pierre Cally*, p. 121, de l'Athenæ Normannorum du P. Martin, Ms. de la Bibliothèque de Caen, une Elégie sur la mort de P. Cally, composée par un membre de l'Académie qui est peut-être le P. F. Martin lui-même.

avoient chargé. Par une apostrophe au Roy, il dist qu'il ne
traitoit pas cette matière aussi dignement qu'un aussi grand
sujet mérite de l'estre ; qu'il espéroit trouver dans son audi-
toire des sentimens qui suppléeroient à sa foiblesse. Il prouva
ensuite la piété de ce Grand Prince par ses premiers édits en
montant sur le trône, contre la fureur des duels ; ses or-
donnances pour la justice, pour soutenir la religion ; par
son zèle à élever à Dieu des peuples magnifiques ; par ses
soins pour la subsistance des pauvres dans les calamités publiques ; par les hospitaux établis ; et enfin par la protection
généreuse qu'il a donnée au Grand Roy dépouillé pour la religion et qu'il continue à son illustre fils (*), dont il a fait espérer le rétablissement sur le trosne de ses pères, par les secours qu'il ne manquera pas de lui donner. Il a fait le détail
de ses victoires, et enfin sa constance et sa fermeté dans la
mauvaise fortune qui a pu changer, par la vicissitude des
choses humaines, sans rien diminuer de sa tranquillité et de
la fermeté de son âme. Il a fini par un compliment sur l'honneur que M. l'Intendant a fait à la Compagnie.— M. Gaultier
a lu ensuite la première partie d'une dissertation sur l'origine
des moulins. Il a commencé par la peine qu'ont eue les premiers hommes à broyer par divers moyens les grains nécessaires à faire le pain, la plus nécessaire nourriture de l'homme,
dont il a fait une curieuse recherche. Il a montré ensuite
qu'après avoir trouvé l'invention des meules, on a commencé
à ne les faire tourner qu'à force de bras, ensuite par des che-
vaux, puis par des asnes. Il en a tiré les preuves des anciens
auteurs et de la Sainte Ecriture même. Il a réservé pour la
seconde partie l'invention des moulins à eau et à vent, tels
qu'on les voit aujourd'huy.

(*) Le roi Jacques II et son fils le Chevalier de St. Georges. Ce fait ne pouvait
être oublié à Caen, car le Roi Jacques était passé dans cette ville lorsqu'il
essayait de remonter sur son trône. Il y vint plusieurs fois entr'autres le 24
juillet 1690, le 24 avril 1692 et le 20 juin suivant, après le combat de la
Hougue.

Séance du jeudi 20 *novembre* 1710.

La Compagnie ayant délibéré sur l'élection d'un Directeur résolut d'en présenter trois, dont on en choisiroit un par le scrutin. Ce qui fut exécuté. M. de la Ducquerie fut trouvé avoir le plus grand nombre de voix et fut établi. — On reçut avec plaisir la proposition qui fut faite du R. P. Aubert de la Compagnie de Jésus pour remplir la place de surnuméraire vacante par le départ du R. P. le Brun, et M. le Directeur s'offrit de l'avertir du consentement de toute la Compagnie. — M. de Chaulieu lut ensuite une paraphrase en vers latins de la prose du Saint-Sacrement *Lauda Sion*, etc. — Elle fut écoutée avec l'applaudissement que méritent tous les ouvrages de cet excellent Académicien. M. Gaultier acheva sa dissertation sur l'origine des moulins. Après en avoir rapporté la description qu'en a faite Vitruve, il en chercha l'inventeur qu'il dit que Polydore Virgile avoit avoué n'avoir pu découvrir, et que Procope prétend avoir été le fameux Bélisaire assiégé dans Rome; que cette machine ayant été perfectionnée dans la suite des temps devint si commune que beaucoup de particuliers en firent construire pour leurs usages, ce qui fut enfin deffendu sans en avoir une permission du Prince ou des Seigneurs des fiefs; qu'un Pape ordonna qu'on payeroit la dixme du grand revenu que les moulins produiroient. Il parla ensuite des moulins à vent dont il attribua l'invention aux Asiatiques, et qui fut apportée en Europe par les Croisés au retour des guerres d'Orient. Enfin il finit par des comparaisons morales que Pictorius (*) a faites sur cette machine qui représente la vie humaine dans une perpétuelle agitation; une fidèle amitié par le secours que se donnent les deux meules et par leur union; et plusieurs autres pareilles applications.

(*) L. Bigi, dit Pittorio en latin Pictorius, Poète latin moderne né en 1454 à Ferrare, et mort en 1525.

Séance du jeudi 27 *novembre* 1710.

Le R. P. Aubert ayant été reçu par un consentement unanime fist sa première entrée par un remerciment. — M. de la Ducquerie le père fist son remerciment et M. son fils y ajouta aussi un compliment. — Ensuite le P. Martin y lut le compliment fait au Roy par le P. Poisson dans son premier sermon devant sa Majesté, et des vers que lui-même a faits à la mémoire de M. d'Auval. — Le P. Aubert remplit le reste de la séance par la lecture de la première partie de son discours qu'il a préparé pour l'ouverture de ses leçons de mathématiques.

Séance du jeudi 4 *décembre* 1710.

M. Hébert lut deux épitaphes pour M. d'Auval, et le R. P. Aubert acheva la lecture de son discours sur l'utilité des mathématiques. — On lut une dissertation sur la nouvelle découverte de la soye qu'on tire des araignées.

Séance du jeudi 11 *décembre* 1710.

Après la lecture de quelques vers envoyés à l'Académie, le R. P. Aubert a lu une ode sur la *solitude*. — On prit ensuite les journaux des sçavans.

Séance du jeudi 18 *décembre* 1710.

Le P. Aubert fist la démonstration par l'expérience d'une pierre d'ayman, de la manière dont se forme le tourbillon de la matière autour de cette pierre. L'expérience réussit toujours. Ensuite il lut une ode françoise sur le *jugement dernier* ; et cette expérience et la lecture de cette ode occupèrent la Compagnie pendant la séance. — L'assemblée à cause des festes prochaines fut marquée au 2e. jour de l'année.

Séance du vendredi 2 janvier 1711.

. . . .

Séance du jeudi 8 janvier 1711.

. . . .

Séance du jeudi 15 janvier **1711.**

Après quelques expériences , pour la satisfaction de quelques uns de la Compagnie qui les avoient souhaitées , de l'électricité et des lasmes de verre. Le P. Martin lut des vers latins sur les victoires du Roy d'Espagne et de M. de Vendosme. — On lut encore une ode sur la musique par M. le Roy et une de M. de la Mothe sur le procès gagné par M. Saurin contre Rousseau. — M. le Curé de Blainville fist aussi part à la Compagnie d'une lettre qu'il avoit reçue de M. Foucault où il y avoit des complimens pour la Compagnie , il fut prié d'en marquer sa reconnaissance, ce qu'il promit d'exécuter.

Séance du jeudi 22 janvier 1711.

Après la lecture de plusieurs pièces de poësie par le P. Martin, M. de la Ducquerie, Directeur fist, à la prière de quelques uns de la Compagnie, la description de la *lanterne* nommée *magique* dont il leur fist voir la mécanique et l'épreuve.

Séance du jeudi 29 janvier 1711.

. . . .

Séance du jeudi 5 février 1711.

M. le Président de Croisilles a fait part à la Compagnie d'une ode françoise sur les victoires de M de Vendosme en Espagne. — La lecture finie, la Compagnie s'est occupée à comparer les deux traductions différentes des Géorgiques, l'une par le Sieur Martin, l'autre par feu M. de Segrais. Elle a remarqué que la dernière est infiniment plus littérale, plus concisé, et plus noble dans ses expressions que la première. Elle a résolu de continuer cet examen.

Séance du jeudi 9 *février* 1711.

L'Académie s'est entretenue sur plusieurs termes de droit au sujet des fiefs, sur lesquels on a résolu d'attendre une plus entière explication.

. . . .

. . . .

. . . .

Séance du jeudi . . juin 1711.

M. le Directeur ayant proposé le jeudi précédent M. de S^t.-Supplix, pour remplir la place vacante dans l'Académie par la mort de M. d'Auval ce qui avoit été agréé de la Compagnie, il a pris aujourd'huy sa première séance. — M. de la Ducquerie, fils, a lu un compliment en vers au nouvel Académicien. — Le P. Aubert a achevé de remplir la séance par une ode françoise à la louange du Roy, quelques vers sur un tableau de S^{te}. Thérèse ; et des stances sur le bon usage du temps et de sa briéveté.

Année MDCCXI-MDCCXII.

Séance du jeudi 12 novembre 1711.

M. Belin secrétaire de l'Académie fist l'ouverture de l'Académie par le Panégyrique du Roy qu'il prononça en présence de M. de la Briffe, Intendant de la Généralité, et de plusieurs autres personnes des plus honorables de la ville. M. de la Ducquerie, Directeur, lui répondit, et le R. P. Aubert lut une dissertation sur les tremblements de terre.

Séance du jeudi 19 novembre 1711.

M. De la Ducquerie remercia la Compagnie de l'honneur qu'elle lui avoit fait de l'avoir choisi pour *Directeur* l'année précédente et proposa de lui donner un successeur. Toute l'assemblée pria M. le Président de Croisilles d'accepter cette place, ce qu'après beaucoup d'excuses, il accorda aux instances de la Compagnie.

.   .   .   .

.   .   .   .

(Il manque dans le Manuscrit la fin de l'année Académique 1711 et toute l'année 1712. — V. le passage de la lettre écrite à M. de Charsigné, à la p. 13, note 3 du *Discours* de M. Charma. — V. aussi la pièce de vers ci-contre p. 75).   .   .   .

.   .   .   .

.   .   .   .

.   .   .   .

.   .   .   .

.   .   .   .

ANNÉE MDCCXIII-MDCCXIV.

Séance du . . janvier 1714 (*).

M. Aubert élu *Directeur* et l'Académie remise au lundi par

(*) Voici une pièce de vers composée par le P. Martin, dont j'ai déjà donné des extraits de lettres ci-dessus, p. 51 ; elle m'a paru intéressante en ce sens, qu'elle fait connaître la situation de l'Académie au 15 janvier 1714. Cette société essayait encore de se reconstituer ; mais, comme on l'a vu, elle ne tarda pas à disparaître tout-à-fait.

VERS LIBRES

Par le P. François Martin Cordelier.

SUR LE RENOUVELLEMENT DES SÉANCES DE L'ACADÉMIE DES BELLES-LETTRES DE CAEN,

Le 15 janvier 1714.

Cette savante Académie
Si célèbre autrefois,
Ces jours passés presque aux abois
Crut que bientôt elle perdroit la vie.

Ayant été sans action
La moitié d'une année,
Qui n'eût dit que sa destinée
Poussoit à sa destruction ?

Mais quelle honte à notre ville,
La favorite d'Apollon,
De voir son Parnasse sans nom,
Des Muses le Palais un désert inutile !

Q'eussent dit nos voisins jaloux du grand honneur
Que le Prince avoit fait à notre Compagnie,
Si plus longue paralysie
Eût pénétré jusqu'à son cœur ?

Grâce au généreux de Croisille,
Son feu divin ne sera point éteint ;
Le profane comme le saint
Des membres de ce corps ranimera le style.

délibération de l'Assemblée. . . . . , ...

. . . .

. . . . . (Ici s'arrête le manuscrit de M. Belin) . . . . .

. . . .

> Chacun de nous par émulation
> Travaillera pour illustrer les lettres :
> A nos aieux nous tiendrons lieu de maîtres :
> Ils nous auront en vénération.
>
> L'amour constant de la patrie
> Sera donc l'unique motif
> Qui rendra notre esprit actif
> Et fera briller son génie.
>
> Contens alors de l'avoir bien servie
> Par de nobles travaux :
> Aucun de nos rivaux
> Ne méritera mieux une gloire infinie.

Recités le jour que dessus,
par le R. P. F. Martin Religieux
Cordelier, Académicien.

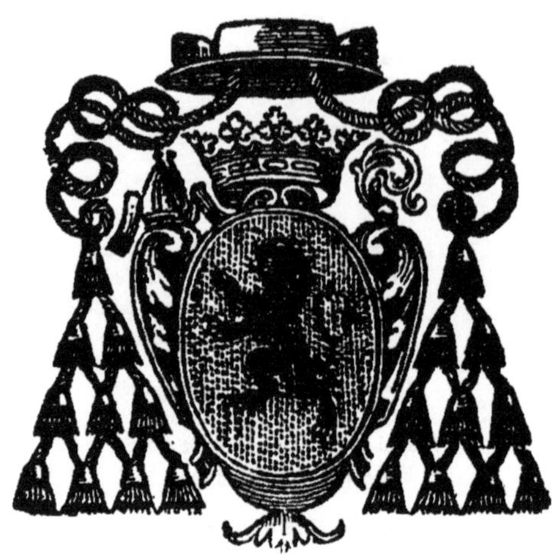

V.

DE L'ACADÉMIE ROYALE DES BELLES-LETTRES

RÉTABLIE EN 1731 PAR LES SOINS DE

MONSEIGNEUR PAUL D'ALBERT DE LUYNES,

ALORS ÉVÊQUE DE BAYEUX, ET DEPUIS CARDINAL ET ARCHEVÊQUE DE SENS

(Jusqu'en 1759, époque où finit le manuscrit de F. R. De La Londe.)

———

ORSQUE Monseigneur de Luynes (1) qui succéda à Monseigneur de Lorraine (2), fut arrivé dans son diocèse, les membres de l'Académie se rassemblèrent et conjointement furent se présenter à cet illustre Prélat. Il les reçut non seulement

avec politesse ; mais on peut dire avec effusion de cœur,
leur témoignant le plaisir qu'il trouvoit à seconder leur
zèle pour les belles-lettres. Il invite aussitôt tous ceux qui
restoient de l'ancien corps de l'Académie de se trouver le
11 janvier 1731 dans son Palais (3). Ces Messieurs, au
nombre de quatorze, s'y étant trouvés supplièrent d'abord
Monseigneur de Luynes d'accepter le titre de *Protecteur*
de l'Académie, ce qu'il voulut bien agréer, après quoi ce
Prélat fixa dans son Palais épiscopal, un lieu pour les
exercices ordinaires de la Compagnie. Puis lecture fut
faite des *Statuts,* conformément auxquels il fut nommé un
Directeur pour l'année qui commençoit, et un *Secrétaire*
à la place de M. Belin (4) qui avoit été nommé par le
Roy en 1705, mais qui ne pouvoit plus remplir cette
place à cause de son âge et de ses infirmités.

Pour se conformer aux statuts qui fixent à trente le
nombre des Académiciens, on fit choix de plusieurs bons
sujets pour joindre aux quatorze anciens qui restoient
encore. L'Académie fut donc en 1731 composée ainsi
qu'il suit :

LISTE DES MEMBRES

DE L'ACADÉMIE ROYALE DES BELLES-LETTRES

EN 1731.

PROTECTEUR.

Monseigneur D'ALBERT DE LUYNES, Év. de Bayeux.

DIRECTEUR.

1. M. DE LA DOUESPE, Avocat au Parlement.

SECRÉTAIRE.

2. **M.** DE LA DUCQUERIE [Jean-François], Docteur et Professeur Royal en Médecine, ancien Doyen de la Faculté.

LECTEUR.

3. **M.** l'Abbé HÉBERT.

ANCIENS ACADÉMICIENS (5).

MM.

4. DE CROISILLES, Président au Présidial de Caen ;
5. DE CHARSIGNÉ, Procureur du Roy au bureau des finances ;
6. DE NOYERS, ci-devant Lieutenant de Police ;
7. DE MONS, Colonel du Régiment de Caen, ancien Maire de la ville, ci-devant Lieutenant de Nosseigneurs les Marechaux de France ;
8. DE VERRIÈRES ;
9. D'ENTREMONT ;
10. DE SAINT-CLOU ;
11. BELIN, ancien secrétaire ;
12. HALLOT, Professeur Royal d'éloquence, Chanoine du Saint-Sépulchre, ancien Recteur ;
13. FERON, Professeur Royal aux Droits ;
14. LE CHARTIER, ancien Professeur Royal en langue Grecque.

ACADÉMICIENS ADMIS EN 1731.

15. SALADIN (6) ;

16. Le Chevalier de St. Jory (7);

17. De Closville, Prémier Avocat du Roy (8) ;

18. De Jolivet, Professeur Royal aux Droits (9);

19. Porée, Curé de Louvigny (10);

20. De la Rue, Professeur de Philosophie et ancien Recteur (11);

21. De Than, Professeur de Philosophie et Recteur de l'Université (12);

22. Bayeux, Ingénieur du Roy (13);

23. Desgranges, Professeur Royal aux Droits (14);

24. Louet, Professeur de Rhétorique, et ancien Recteur (15);

25. Crevel, Professeur au Droit François et ancien Recteur (16) ;

26. De Montfleury (17).

Voilà quels furent les premiers Académiciens lors du rétablissement de l'Académie, suivant le procès-verbal dressé chez Monseigneur de Luynes le 11 janvier 1731. On y trouve aussi ceux qui furent choisis comme surnuméraires. Voici leurs noms :

SURNUMÉRAIRES.

1. Dom Thibault, ancien Général de la Congrégation de Saint-Maur (18) ;

2. Le R. P. André, Jésuite (19);

3. Le R. P. Vicaire, Jésuite (20);

4. Le P. Macé, Cordelier, Ex-Provincial (21) ;

5. Dom Le Maître, Bénédictin de la Congrégation de Saint-Maur (22).

L'Académie tint sa première séance dans une des salles de l'Evêché (23) le 18 janvier 1731. Monseigneur de

Luynes, Protecteur de l'Académie, prononça le discours
d'ouverture.—M. de la Doüespe, Directeur de l'Académie,
y répondit. — M. le Chevalier de St.-Jory donna ensuite
son discours de réception et un conte ou fable dans le
goût de la Fontaine (24). — Ce même jour M. .de Verrières lut sa pièce intitulée *Métamorphose du Prince Gaulo
et de la Nymphe Orithie* (25) , et M. de Montfleury *l'Eloge
de l'homme de Lettres*, Ode à Messieurs de l'Académie de
Caen (26). Plusieurs autres morceaux furent aussi lus dans
cette séance.

Depuis ce jour l'Académie n'a plus eu à souffrir de
nouvelle interruption dans ses assemblées. Je vais donc
seulement rappeler, année par année, d'après les Registres de la Compagnie (27), les faits importans qui sont
arrivés et qui s'y trouvent consignés ; les noms des
orateurs de rentrée ; ceux de Messieurs les *Directeurs* et
des nouveaux *Académiciens* reçus depuis ce temps à la
place des anciens (28).

Année 1731-32.

En 1732, Mg^r. de Luynes fit préparer dans son Palais
épiscopal de Caen une salle qu'il destina aux séances de
l'Académie (29).

Année 1733-34.

La rentrée de l'Académie eut lieu le 18 novembre, et
Mg^r. le Protecteur donna ce jour là un souper à Messieurs
les Académiciens (30).

Année 1734-35.

M. du Touchet prononça le discours, comme il en

avoit été chargé, pour l'ouverture de l'Académie qui se fit le 18 novembre.

Dans la séance du 27 janvier 1735, à l'occasion de la mort de M. de Croisilles, la Compagnie convint et arrêta d'une voix unanime que le jour de la rentrée d'après Pâques (21 avril 1735) elle feroit célebrer un service solennel dans l'Eglise des R. R. P. P. Cordeliers pour le repos de l'âme de cet Académicien, et que dans une séance publique tenue le même jour le secrétaire liroit l'Eloge historique de ce Président. L'Académie décida aussi que les mêmes choses auroient lieu dans la suite pour tous les membres de la Compagnie.

Le 3 février 1735, M. de la Ducquerie, secrétaire, ayant declaré qu'il ne pouvoit plus remplir seul cette fonction, à cause de ses occupations, l'Académie arrêta qu'il seroit créé un *deuxiéme secrétaire.* Ce fut M. du Touchet qu'elle choisit pour remplir cette place.

Le 2 juin 1735, l'Académie députa MM. Feron, Directeur, et du Touchet, secrétaire, pour aller, de sa part, chez les membres qui s'absentoient trop souvent, afin de connoitre leurs intentions, et de pouvoir en nommer d'autres à leurs places.

Année 1735-36.

M. de Jolivet fit le discours pour la rentrée de l'Académie qui eut lieu le 17 novembre en présence de Mgr. le Protecteur et de Mg^{rs}. d'Avranches et de Coutances.

Année 1736-37.

La rentrée eut lieu le 15 novembre en présence de Mgr. le Protecteur, et le P. André fit le discours. Il lroita du *beau moral* et prit de là occasion de faire l'*Eloge de Louis-le-Grand.*

Le 29 novembre 1736, l'Académie, afin de remplir davantage les séances, arrêta :

1°. Que ceux de ses membres qui liroient des livres nouveaux en feroient un rapport sommaire à la Compagnie, et que même elle pourroit quelquefois désigner *ad hoc* l'un des Académiciens ;

2°. Que M. le Directeur en fonction proposeroit de temps en temps des questions à résoudre ;

3°. Qu'on liroit les journaux et qu'on discuteroit les matières qui y seroient indiquées.

Année 1737-38.

L'ouverture de l'Académie eut lieu le 14 novembre en présence de Mg^r. LE PROTECTEUR. M. de Biéville lut une dissertation composée pour refuter Senèque sur ce qu'il prétendoit que l'étude des sciences étoit de tout point inutile pour rendre l'homme vertueux ; ensuite il fit *l'Eloge du Roy.*

Année 1738-39.

La rentrée eut lieu le 14 novembre en présence de Mg^r. LE PROTECTEUR. Le R. P. Casaux lut une dissertation *sur la cause du progrès et de la décadence des sciences et des beaux-arts dans les Etats,* et en fit sortir l'*Eloge de Louis-le-Grand.*

Année 1739-40.

M. Godefroy lut l'*Eloge de Louis-le-Grand* le jour de l'ouverture de l'Académie qui se fit le 12 novembre en présence de Mg^r. LE PROTECTEUR.

Dans la séance du 7 avril 1740 , M. de Biéville donna des réflexions préliminaires sur l'histoire de l'Académie que la Compagnie l'avoit prié d'écrire et dont il s'étoit chargé.

Année 1740-41.

La rentrée de l'Académie eut lieu le 17 novembre en présence de Mg^r LE PROTECTEUR. Le R. P. du Pire , Benédictin , y lut un discours *sur la nature et les avantages de la mémoire ;* puis il fit l'*Eloge de Louis XIV.*

Ce même jour M. de Biéville lut le commencement de son travail sur l'histoire de l'Académie.

Le 1er. décembre 1740, M. de Biéville a lu une suite de son histoire de l'Académie.

Dans la séance du 23 février 1741, la Compagnie décida qu'à partir de ce jour aucun particulier, fût-il Académicien, ne pourroit lire lors de la réception d'un nouveau membre, aucun compliment, soit en vers, soit en prose, à la louange du récipiendaire , M. le Directeur étant le seul qui doive faire des éloges au nom de la Compagnie.

Année 1741-42.

L'ouverture de l'Académie eut lieu le 16 novembre. M. de Biéville, Directeur, présida la séance, et M. d'Urville y lut une dissertation *sur la nécessité de suivre son talent,* et fit ensuite l'*Eloge de Louis-le-Grand.*

Année 1742-43.

La rentrée de l'Académie se fit le 15 novembre en présence de MG^r. LE PROTECTEUR qui donna lui-même l'*Eloge de Louis-le-Grand.* (31)

Le R. P. André donna de nouveau lecture de sa dissertation *sur l'amour désintéressé.*

Le 30 mai 1743 on lut dans l'Académie le discours que Mg^r. LE PROTECTEUR avoit prononcé le 16 mai, le jour de sa réception à l'Académie Françoise.

ANNÉE 1743-44.

Le R. P. du Parc lut l'*Eloge de Louis XIV* pour le jour de l'ouverture de l'Académie qui eut lieu le 14 novembre en présence de Mg^r. LE PROTECTEUR.

ANNÉE 1744-45.

La rentrée de l'Académie eut lieu le 12 novembre en présence de Mg^r. LE PROTECTEUR. M. Porée fit le discours *sur le triomphe et le progrès des sciences et des arts sous le règne de Louis-le-Grand.*

ANNÉE 1745-46.

L'ouverture de l'Académie se fit le 18 novembre en présence de Mg^r. LE PROTECTEUR et M. Blouët de Than y lut l'*Eloge de Louis-le-Grand.*

ANNÉE 1746-47.

M. de Verrières fit l'*Eloge de Louis XIV* le jour de la rentrée de l'Académie, qui eut lieu le 17 novembre en présence de Mg^r. LE PROTECTEUR.

ANNÉE 1747-48.

L'ouverture de l'Académie se fit le 17 novembre, en

présence de Mgr. LE PROTECTEUR, et M. d'Ifs prononça un discours *sur la nécessité d'apprendre exactement et de cultiver la langue françoise*, et il fit l'*Eloge de Louis-le-Grand*.

Le 29 février 1748, le Secrétaire de l'Académie écrivit au nom de cette Compagnie, à Mgr. le Protecteur touchant la nécessité d'avoir un *sceau* et pour lui demander son portrait.

Le 14 mars suivant, le secrétaire lut la réponse de Mgr. de Luynes qui consultoit Messieurs les Académiciens sur le sceau qu'ils lui avoient demandé. Il fut alors décidé que la Compagnie reprendroit *la devise* prise par l'ancienne Académie en 1705 (31) et M. le secrétaire fut chargé d'en écrire à Mgr. le Protecteur, à la générosité duquel la Compagnie dut le sceau et le cachet qu'elle reçut le 27 juin de la même année.

ANNÉE 1748-49.

M. De La Londe lut pour la rentrée de l'Académie qui eut lieu le 14 novembre, un discours *sur la nécessité et les avantages d'une bonne éducation*, et fit l'*Eloge de Louis-le-Grand* pour satisfaire à l'engagement qu'il en avoit pris. M. l'Abbé le Guay, *Directeur*, présida la séance.

ANNÉE 1749-50.

La rentrée de l'Académie eut lieu le 13 novembre. Ce fut M. de Biéville, *Directeur*, qui présida la séance, et M. de la Ruë qui prononça l'*Eloge de Louis-le-Grand*.

Comme depuis quelques années le zèle avoit diminué parmi les membres de l'Académie, qui non seulement ne fournissoient rien de leur composition ; mais encore n'assistoient même plus aux assemblées tant publiques que particulières, M. de Biéville, Directeur, proposa à la Compagnie de prendre les moyens nécessaires pour faire disparoître ces inconvéniens. Il fut donc résolu le 19 décembre 1749 que M. du Touchet, secrétaire, écriroit aux membres qui s'absentoient pour les engager à être plus assidus et pour les prévenir qu'après le 8 janvier on aviseroit aux moyens de rétablir l'ordre.

Année 1750-51.

M. Bocquet du Hautbosq lut pour l'ouverture de l'Académie qui se fit le 9 novembre en présence de Mgr. LE PROTECTEUR, un discours dont le sujet étoit : *Ce que les arts doivent au Prince et ce que le Prince doit aux arts,* et d'où il fit sortir l'*Eloge de Louis XIV.*

Année 1751-52.

La rentrée de l'Académie eut lieu le 18 novembre. M. d'Urville, *Directeur*, présida la séance, et M. Crevel fit l'*Eloge de Louis-le-Grand,* après avoir prononcé un discours *sur les lois et les coutumes des Hébreux relativement au mariage.*

Année 1752-53.

La rentrée de l'Académie eut lieu le 16 novembre. M. de la Ruë, *Directeur*, présida la séance, et M. l'Abbé le Guay de la Mare lut un discours sur *la théorie des couleurs suivant le système de Newton* et fit ensuite l'*Eloge de Louis XIV.*

Ce fut cette année là que Mgr. de Luynes devint Archevêque de Sens, ce qui priva l'Académie de la présence

de son zélé Protecteur. La Compagnie se trouvoit donc
de nouveau sans lieu de réunion parce que Mg^r. de Luynes
recevoit bien l'Académie dans son Palais épiscopal, mais
c'étoit par générosité et par amour pour les lettres, et
il n'avoit pu prendre d'engagement pour ses successeurs.
Le 7 novembre 1753, les Membres de l'Académie s'étant
réunis chez M. de la Ruë ancien Directeur, pour délibérer sur les moyens d'empêcher que la Compagnie ne se
trouvât dispersée encore une fois. M. Blouët de Than, membre de l'Académie et qui pour lors se trouvoit être Maire de
la ville, ainsi que Messieurs les Echevins, offrirent à la Compagnie un logement dans l'hôtel de ville, ce que tous les
membres acceptèrent avec reconnoissance, comme étant
un moyen d'empêcher de nouvelles interruptions dans les
séances de la société, puisqu'elle auroit un lieu fixe et per-
manent pour les tenir. Le vendredi suivant on tint donc
en conséquence une séance extraordinaire chez M. l'Abbé
de la Ruë, où on lut une copie de la délibération de
l'hôtel de ville du 5 de ce mois, par laquelle Messieurs
les Maire et Echevins vouloient bien accorder un logement à l'Académie dans l'hôtel de ville. M. de la Ruë fut
chargé de faire le remerciment de Messieurs les Académiciens à Messieurs de Ville. La Compagnie le chargea
aussi d'écrire à Mg^r l'Archevêque de Sens pour le remercier de toutes les bontés dont il a usé envers elle et pour
le prier de vouloir bien ne pas l'oublier, et de continuer
à lui accorder sa bienveillance.

ANNÉE 1753-54.

La rentrée de l'Académie eut lieu le 15 novembre et
les Académiciens se réunirent pour la première fois à

l'hôtel de ville. Ce fut dans la grande salle de cet ancien hôtel de Moisant de Brieux, qui avoit vu jeter les premiers fondemens de cette même Compagnie.

M. l'Abbé de la Ruë, *ancien Directeur*, présida cette séance et M. Blot y lut un discours *sur l'analogie qu'il y a entre le genre animal et le genre végétal;* et fit ensuite l'*Eloge de Louis-le-Grand.*

Dans l'assemblée suivante, l'Académie délibéra sur le besoin qu'elle avoit d'avoir quelqu'un pour tenir la place de Mg^r le Protecteur qui ne pouvoit plus assister aux séances. Il fut donc arrêté qu'il seroit créé un VICE-PROTECTEUR. Messieurs les Académiciens connoissant le goût pour les lettres de M. de Fontette, Intendant de la Génélité de Caen, le prièrent de vouloir bien accepter cette qualité. M. de Fontette accueillit avec bienveillance la demande de Messieurs les Académiciens et accepta. Le 6 décembre M. le Vice-Protecteur vint présider la séance où il lut le discours de remerciment à la Compagnie, imprimé dans le premier volume des mémoires de l'Académie, et qui mérite les éloges et la reconnoissance de l'Académie. La Compagnie arrêta aussi que M. le Directeur en place et ses successeurs tiendroient toujours Mg^r le Protecteur au courant de ses délibérations.

Le 13 décembre 1753, l'Académie députa M. de Biéville et M. l'Abbé le Guay de la Mare pour aller remercier Messieurs de Ville de toutes les bontés qu'ils avoient pour la Compagnie.

Dans la séance particulière du 13 janvier 1754, il fut décidé que ce ne seroit plus le secrétaire qui feroit l'éloge de l'Académicien décédé; mais celui qui seroit nommé à la place pour la remplir.

Le 24 janvier 1754, dans une séance particulière, M.

Buquet et M. Outhier ayant écrit à la Compagnie pour remettre leurs places d'Académiciens, ils furent déclarés Académiciens vétérans.

Le même jour M. du Touchet remit la place de secrétaire et fut remplacé par M. Porée.

Le 21 mars 1754, M. Crevel remit à la Compagnie les lettres patentes contenant le privilège pour imprimer les ouvrages de l'Académie, obtenu par M. de Fontette qui fit présent à l'Académie de ce qu'il en avoit couté pour les Lettres, ce dont elle gardera une profonde reconnoissance. — Il fut décidé aussi que M. le Directeur se chargeroit d'écrire à Mgr le Chancelier, pour le remercier de cette grâce. Dans la même séance, la Compagnie choisit, pour accorder le Privilège de l'impression, le Sieur Jacques Manoury, libraire. L'acte entre les Académiciens et le Sieur Manoury fut passé, suivant les conditions convenues, le 28 mars 1754, pour le temps et espace de cinq années.

L'Académie, cette même année, reçut plusieurs Membres associés, doués d'un mérite rare et ayant une grande réputation.

Année 1754-55.

L'ouverture de l'Académie eut lieu le 14 novembre en présence de M. le Vice-Protecteur. M. d'Urville lut l'*histoire de Raoul ou Rollon, premier Duc de Normandie*, et fit ensuite l'*Eloge de Louis-le-Grand*. Le même jour, M. de Clerval lut une épitre en vers adressée au Roy de Pologne, pour le remercier d'avoir accordé l'*association* de l'Académie Royale de Caen à l'Académie Royale de Nancy. Le sujet de cette épitre est : *le bonheur du gouvernement de ce Prince.*

Le 12 juin 1755. Après la séance publique la Compagnie décida que la séance publique du mois de juillet seroit retranchée, à cause du grand nombre de personnes de la Ville qui vont à la campagne ; du petit nombre d'Académiciens qui y assistaient ordinairement ; et qu'il n'y auroit pas d'assemblée publique avant la St.-Martin.

Année 1755-56.

La rentrée de l'Académie eut lieu en présence de M. le Vice-Protecteur et M. d'Ifs lut un discours sur la nécessité de faire des Eloges ; il fit l'*Eloge de Louis XIV* suivant l'usage, et, de plus, il ajouta celui de M. de Verrières, mort l'année précédente.

Dans la séance du 3 juillet 1756, il fut décidé qu'on enverroit des *Lettres d'Association* aux nouveaux *Associés.* Le modèle de ces lettres fut envoyé par M. Titon du Tillet et il en fut expédié pendant les vacances de cette même année.

Année 1756-57.

M. l'Abbé Ygou, Sous-Prieur de l'Abbaye de Troarn, lut un discours *sur le goût*, après lequel il fit l'*Eloge de Louis XIV* le jour de la rentrée de l'Académie qui eut lieu le 18 novembre en présence de M. le Vice-Protecteur.

Année 1757-58.

L'ouverture de l'Académie ne se fit pas le jeudi d'après la St. Martin, mais le 1er. décembre 1757 en présence de M. le Vice-Protecteur. Ce fut le P. Fretfond qui prononça le discours. Le même jour, à la demande de

M. le Vice-Protecteur, il fut arrêté que les séances publiques et particulières se tiendroient les lundis, suivant les Statuts de l'Académie, à la place des jeudis.

ANNÉE 1758-59.

M. Godard fit un discours *sur le style* pour l'ouverture de l'Académie qui eut lieu le lundi 4 décembre, en présence de M. le Vice-Protecteur.

Dans la séance du 11 janvier 1759, M. l'abbé Ygou, lut des réflexions sur l'interruption des Mémoires de l'Académie, et M. le Directeur en rechercha les causes et les moyens d'y remédier. Ce même jour, on plaça dans la salle de l'Académie le tableau envoyé par M. Restout, Peintre du Roy et l'un des Associés. Ce tableau représente *Minerve environnée des arts et montrant le portrait du Roy soutenu par des génies* (il est à l'hôtel-de-ville) (32).

M. le Vice-Protecteur ayant écrit à l'Académie qu'il désiroit donner un prix de la valeur de 300 liv. qui seroit donné à celui qui le remportera sur le sujet proposé par l'Académie. Dans la séance publique du 7 juin, je fus chargé de lire l'annonce du sujet du prix qui étoit : *S'il est plus nuisible qu'avantageux de planter des pommiers destinés à faire du cidre dans une bonne terre propre au labour ?*

FIN DU MÉMOIRE

DE

F. R. DE LA LONDE.

NOTES.

(1) Paul d'Albert de Luynes, né en 1703, LXXVI Evêque de Bayeux, fut nommé à cet Evêché en février 1729 et en prit possession le 11 décembre suivant. Le 16 mai 1743, il devint Membre-associé de l'Académie Françoise (*). En 1753, il fut transféré à l'Archevêché de Sens, et fut élevé à la dignité de Cardinal-Prêtre en 1756. Mort à Paris le 23 janvier 1788. V. ci-après ses titres honorifiques à la   liste des Protecteurs de l'Académie.

(2) V. ci-dessus, p. 48, note 26.

(3) L'Evêché à Caen, était situé rue Neuve-St.-Jean. Il sert aujourd'hui d'hôtel au Général commandant le département du Calvados.

(4) V. ci-dessus, p. 33, note 10.

(5) Pour ces quatorze Académiciens, V. ci-dessus, p. 40, la Liste des membres de l'Académie en 1705.

(6) L'Abbé Saladin, Chanoine de Bayeux, Sous-chantre de la Cathédrale. Il donna sa démission de membre de l'Académie le 14 février 1754.

(7) Le Chevalier Louis Rustaing de St.-Jory fut successivement Avocat au Parlement de Metz, dont son père était Conseiller ; Gentilhomme ordinaire du Duc d'Orléans, Procureur du Roi au Bailliage de Meudon. A l'époque de la formation de l'Académie le Cher. de St. Jory était attaché à la personne de Mgr. de Luynes en qualité d'*Ecuyer* Peu de temps après, il quitta M. de Luynes et l'Académie ; cependant son nom figure jusqu'en 1736 parmi ceux des membres.

(8) De Closville des Planches, Premier Avocat du Roy au Bailliage de Caen, mort le 22 avril 1758.

(*) Son discours de réception et la réponse de M. de Montcrif, Directeur de l'Académie françoise, se trouvent imprimés dans les *Nouvelles littéraires de Caen*, année 1743, p. 284 et 295.

(9) De Jolivet, Avocat au Bailliage, Professeur Royal en Droit, et en 1752, Sénéchal de la juridiction laïque de l'Abbaye Royale de Ste.-Trinité. Mort le 22 avril 1758.

(10) Charles-Gabriel Porée, né en 1685, fut d'abord de l'Oratoire et professa la rhétorique dans le Collège de Soissons, ensuite Bibliothécaire de Fénelon, Chanoine honoraire du St.-Sépulcre, et enfin Curé de Louvigny. Mort le 17 juin 1770. V. la Biographie de Ch. G. Porée publiée, en février 1854, par M. J. Travers, Secrétaire de l'Académie, et la Notice littéraire sur les deux Porée publiée, en avril 1854, par M. Alleaume, ancien Elève de l'Ecole des Chartes.

(11) L'Abbé de la Rue fut aussi Principal et Proviseur du Collège du Bois, et cinq fois Directeur de l'Académie. Mort le 29 mars 1757.

(12) Robert de Than, Professeur de Philosophie au Collège du Bois et Recteur de l'Université. Ce fut sous son Rectorat que, le 19 juin 1731, se fit l'ouverture de la bibliothèque publique de l'Université. Il fut Directeur de l'Académie pour l'année 1735 et mis au nombre des *Vétérans* en 1760. Il finit par être Curé de Cheux près Caen. Mort vers 1766.

(13) Bayeux, Ingénieur du roi, donna sa démission d'Académicien en 1759.

(14) Desgranges, Professeur Royal aux Droits, est mort en mars 1753.

(15) Réné Louet professa d'abord l'éloquence puis la philosophie au Collège du Bois. Il fut Recteur en 1726, et devint Curé d'Hubert-folie, où il est inhumé. Mort le 22 mars 1745.

(16) Jacques Crevel, né en 1692 à Ifs-les-Allemagne. Avocat du Roy au Parlement de Normandie, Professeur de Droit à l'Université de Caen, dont il fut Recteur en 1721. Mort le 31 décembre 1764.

(17) Jean le Petit de Montfleury, né à Caen en 1698, et mort dans cette ville le 7 avril 1777. — *Poésie.*

(18) Dom Thibault était le seul qui eût fait partie de l'ancienne Académie.

(19) Le R. P. Yves-Marie André, né à Châteaulin en Basse-Bretagne le 22 juin 1675. Reçu Jésuite le 13 septembre 1695 professa long-temps les mathématiques dans leur Collège de Caen. Mort le 19 février 1764. M. Rouxelin, alors Secrétaire perpétuel de l'Académie, lut, dans la séance du 7 juin 1764, un Eloge du P. André. Il forme une broch. de 18 p. qui fut imprimée à Caen chez P. J. Yvon. Je possède encore l'exemplaire donné par l'Auteur à F.-R. De La Londe. — MM. Charma et

G. Mancel ont promis de donner une biographie complète de ce jésuite, dans le IIe. vol. de leur publication intitulée : *Le P. André ou Documents inédits pour servir à l'hist. philosophique du XVIIIe. siècle.* Déjà ils ont publié, en 1844, une Notice sur ce Père, dans le t. I du *Dictionnaire des Sciences philosophiques.*

(20) Le P. VICAIRE ne figure plus parmi les Surnuméraires de l'Académie en 1734.

(21) Le P. MACÉ, Cordelier, ne se trouve plus au nombre des Surnuméraires à partir de 1738.

(22) Dom LE MAITRE n'est plus compté parmi les Surnuméraires en 1735.

(23) V. ci-dessus, la note 3.

(24) V. ci-dessus, la note 7. Ce discours de réception fut imprimé in-4°., à Caen, chez la veuve de Gabriel Briard, imprim. de l'Acad., rue Froideruë. En 1735, un libraire d'Amsterdam publia en 2 vol. les *OEuvres mêlées du Ch^{er}. de S^t.-Jory.* On y trouve, à la page 181, son discours à l'Académie de Caen : il y est suivi d'une lettre au sujet de ce discours.

(25) Cette pièce a paru dans le *Trésor de littérature*, recueil publié à Caen.

(26) Cette *Ode* fut imprimée à Caen, chez la veuve de G. Briard, imprim. de l'Acad. Roy. des Belles-Lettres, avec une *Requeste* en vers présentée à Mg^r de Luynes, évêque de Bayeux, le 18 janvier 1731, par un Académicien, et avec un *Madrigal* du même auteur. Toutes ces pièces ont dû être imprimées in-4°. afin de pouvoir être réunies avec les Statuts de l'Académie, réimprimés en 1731, mais celles que je possède sont in-8°. Elles se trouvent aussi imprimées dans le *Trésor de littérature*, année 1741.

(27) Un de ces *Registres* existe encore, je l'ai vu entre les mains de M. Charma auquel on l'avait communiqué. Il est bien à souhaiter que cette pièce intéressante pour l'histoire de l'Académie soit un jour rendue publique. Ce Registre commence en 1734 et va jusqu'en 1763, c'est-à-dire deux ans plus loin que le *Mémoire* de F. R. De La Londe.

(28) J'ai supprimé ici les noms des *Directeurs* et des nouveaux *Académiciens* afin de les réunir à la liste que j'en donne à partir de l'époque où finit le *Mémoire* de F. R. De La Londe jusqu'en 1792. V. ci-après, p. 104 et 109.

(29) M. de la Doüespe composa une *Ode* sur le soin que Mg^r. de Luynes prenait de faire préparer dans son Palais une Salle affectée spécialement aux séances de l'Académie. Cette pièce fut imprimée à Caen, en 1732, chez la ve. de G. Briard, Imprim. de l'Académie.

(30) Ce même jour, F. R. De La Londe lut une ode intitulée : *Le parfait héros ou les vertus de Louis-le-Grand.* Caen, chez A. Cavelier, seul imprimeur du Roi et J. Pyron reçu en survivance. Ce fut cette ode qui mérita à l'auteur de la part du Cardinal de Fleury, qui l'avait présentée à Louis XIV, une lettre très-flatteuse que je possède.

(31) Cette séance se trouve dans les *Nouvelles littéraires de Caen,* année 1753. L'Académie avait nommé pour orateur de rentrée M. Malouin, Chanoine du St.-Sépulchre ; mais Mg^r. de Luynes, qui précédemment avait fait exiler cet Abbé, ne permit pas qu'il prononçât son discours et fit prétexter une indisposition de la part de M. Malouin.

(32) F. R. De La Londe ne dit rien de ce *sceau* ni de cette ancienne *devise,* sans doute parce que c'était chose connue de tous les membres de l'Académie et qu'il ne se doutait pas que cela pourrait devenir un jour le sujet de recherches. M. Charma, le premier, s'en est occupé, et, dans la VIIIe. pièce justificative annexée à son discours, déjà cité, il avait entrevu que la vignette placée sur les Statuts de l'Académie, édit. de 1705, devait être la devise de cette Société. Son pressentiment était juste ; car un *Madrigal* que j'ai vu depuis, le démontre avec évidence. Aussi vais-je le mettre ci-contre, p. 97, pour servir de pièce justificative, quoiqu'il ait déjà été imprimé à la suite du recueil cité ci-dessus, note 26, et dans le *Trésor de littérature,* année 1741, p. 366.

Convaincu alors par la note imprimée sous ce *Madrigal* que la vignette imprimée sur les Statuts de 1705 représentait bien les armoiries ou du moins l'emblème et la devise adoptés par l'Académie, j'ai fait reproduire, sur bois, cette vignette, pour la placer en tête de la division du *Mémoire* de F. R. De La Londe correspondante à cette époque. (V. ci-dessus, p. 39.) Le motif qui, dès 1705, fit adopter cette *devise* fut, sans doute, les vicissitudes que la Société avait subies depuis la mort de M. de Brieux et l'espérance de l'avenir meilleur que faisait concevoir l'obtention de Lettres-Patentes du Roi. On voulut aussi parler aux yeux en même temps qu'à l'esprit, en figurant un vieux tronc d'arbre couvert de jeunes rameaux, et dont quelques racines s'efforçaient d'aller dans la terre puiser leur nourriture et reprendre une vie nouvelle.

La reconnaissance que les Membres de l'Académie devaient à Mg^r. de Luynes fut probablement cause que, lors de la réimpression des Statuts, en 1731, cet emblème et cette devise furent remplacés par les armoiries de ce Prélat. Je les ai placées en tête de la division du *Mémoire* qui correspondait à cette époque. (V. ci-dessus, p. 77.)

MADRIGAL

SUR LE RÉTABLISSEMENT DE L'ACADÉMIE.

C'est elle qui parle.

Sur moi la Mort exerçoit son Empire,
Nul espoir que jamais on pût me rétablir :
Notre Auguste Prélat m'a daigné secourir,
Aujourd'hui du Tombeau son zèle me retire :
    Dieu du Permesse, accordez votre Lyre,
Muses, réveillez-vous, partagez mon plaisir,
    Je renais pour ne plus mourir.

Ce dernier vers est la devise de l'Académie.

Permis d'imprimer. A Caen le 30 janvier 1731.

Signé, Lair.

(33) Ce tableau se trouve aujourd'hui au Pavillon, il est placé sur la cheminée de la salle dans laquelle les Sociétés savantes de Caen tiennent leurs séances.

LISTES RELATIVES A L'ACADÉMIE

DES BELLES-LETTRES DE CAEN

PROTECTEURS, DIRECTEURS, SECRÉTAIRES, LECTEURS, MEMBRES TITULAIRES, SURNUMÉRAIRES, ASSOCIÉS, HONORAIRES, VÉTÉRANS, ET PRIX DÉCERNÉS PAR L'ACADÉMIE, JUSQU'EN 1792),

PAR

A.-R. R. DE FORMIGNY DE LA LONDE.

NOTE.

A partir de I759 , époque où se termine le *Mémoire pour servir à l'histoire de l'Académie*, par François-Richard De La Londe, j'ai puisé *passim* les renseignements pour former les LISTES suivantes. V. entr'autres la collection de l'*Almanach de la Ville, et Généralité de Caen*, elle commence en I747 et finit vers I793; les Programmes des Prix proposés par l'Aca-démie, etc , etc.

PROTECTEURS

DE L'ACADÉMIE DES BELLES-LETTRES DE CAEN

DEPUIS SON ORIGINE JUSQU'À SA SUPPRESSION.

1652-1792.

FONDATEUR ET PROTECTEUR (de fait).

1. Moisant de Brieux. 1652-1674

PROTECTEURS (de fait).

2. Le comte François de Matignon , Lieutenant
    de Roy de la province de Normandie. . . 1674-1675
3. Segrais. . . . . , ... 1675-1701
    Interruption dans les séances de l'Académie. 1701-1704
4. Jean-Claude de Croisilles. 1704-1705

PROTECTEURS (en titre).

5. Nicolas-Joseph de Foucault , Intendant de
    la Généralité de Caen , nommé *Protecteur*
    par Louis XIV. 1705-1706
6. Le Marquis de Magny , fils du précédent , le
    remplaça. 1706-1709

4*bis*. Le Président DE CROISILLES devint pour la
seconde fois *Protecteur* de l'Académie qui
tint de nouveau ses assemblées chez lui. 1709-1714
Interruption dans les séances de l'Académie. 1714-1731

RÉTABLISSEMENT DE L'ACADÉMIE.

1731.

PROTECTEUR.

7.　Monseigneur Paul D'ALBERT DE LUYNES,
Cardinal-Prêtre de la Sainte Eglise Ro-
maine, Archevêque-Vicomte de Sens,
Primat des Gaules et de Germanie, ancien
Evêque de Bayeux, Abbé-Comte de Corbie,
etc., Commandeur de l'ordre du St. Esprit,
etc., de l'Académie Françoise, et de celle
des sciences de Paris, Protecteur de celle
de Caen, etc., etc. 1731-1788

VICE-PROTECTEUR.

8.　François-Jean D'ORCEAU, Baron DE FON-
TETTE, Chevalier, Marquis de Tilly-d'Orceau, Seigneur d'Essoyes, Verpillieres et
autres lieux, Conseiller du Roi en ses
Conseils, Maître des Requestes ordinaire
de son hôtel, Intendant de Justice, Police et Finances, et Commissaire départi
pour l'exécution des ordres de sa Majesté
en la Généralité de Caen. 1754-1788

PROTECTEUR.

9. François-Henry Duc d'Harcourt, Pair et
    Garde de l'oriflamme de France , Marquis
    de Beuvron , Comte de Lillebonne , Sei-
    gneur du Duché de Roannois et Chatel-
    lenies royales y unies, Baron de Miremont,
    de St.-Romain , de la Mothe, de Beaufou
    et de St.-Aubin-Lebizai; Vte. de Mably ,
    Seigneur de Cornillon , de Commières ,
    de Mallaverne, de Coupiac et autres lieux ;
    Grand Bailly de Rouen , Lieutenant-Gé-
    néral des armées du Roi , Chv. de ses
    Ordres , Gouverneur et son Lieutenant-
    Général en la Province de Normandie, et
    y commandant en chef pour Sa Majesté ,
    Gouverneur de Monseigneur le Dauphin ,
    Sur-Intendant de sa Maison , 1er. Gen-
    tilhomme de sa Chambre , et Grand-
    Maître de sa Garde-Robe. 1788-1792

D'après la XIe. pièce justificative (N°. 8) , annexée au
Discours de M. Charma, le *Protectorat de l'Académie* aurait
été offert, après la mort de Mg^r. de Luynes, à M. le Duc de
Coigny , Gouverneur de Caen ; mais ce personnage, je ne sais
pour quel motif, n'a pas figuré au nombre des Protecteurs
de l'Académie, car ce fut le Duc d'Harcourt qui succéda im-
médiatement à Mg^r. de Luynes.

DEUXIÈME LISTE.

—♦—

DIRECTEURS DE L'ACADÉMIE.

DEPUIS 1705 JUSQU'EN 1792.

1re. PÉRIODE.

Depuis la création du *Directorat* en 1705 jusqu'en 1714, époque où
l'Académie cesse de se réunir.

1.	MM.	I. Le Président DE CROISILLES, nommé par le Roy. . . . . janvier	1705-5
2.		DES YVETEAUX.	1705-6
3.		. . . .	1706-7
4.		Le Président DE NOYERS.	1707-8
5.		DE CHARSIGNÉ.	1708-9
6.		D'AUVAL (de la Cour-Maltot). . . .	1709-10
7.		DE LA DUCQUERIE (père).	1710-11
8.		II. Le Président DE CROISILLES.	1711-12
9.		III. Id.	1712-13

(Pendant ces deux années M. de Croisilles
conserve le Directorat et essaye de se
constituer Directeur perpétuel.)

10.	AUBERT , Professeur de Philosophie.	1713-14

2e. PÉRIODE.

Depuis la restauration de l'Académie en 1731 jusqu'en 1792,
époque où l'Académie est supprimée.

11.	MM.	DE LA DOUESPE. . . . . janvier	1731-31
12.		LE SENS DE MONS.	1731-32
13.		. . . .	1732-33
14.		I. L'Abbé DE LA RUE.	1733-34
15.		FERON.	1734-35
16.		DE THAN (Curé de Cheux).	1735-36

49. MM.		Viallet, Ingén. en Chef. de la Généralité de Caen	1768-69
50.		Le Page, Avocat.	1769-70
51.		Desmoueux, Profes. en Médecine	1770-71
52.		Beziers, Chan. du St.-Sépulchre.	1771-72
53.		Louvel, Profes. en Langue Grecque.	1772-73
54.		De la Pleignière, Commandeur de l'ordre St.-Lazarre.	1773-74
55.	I.	Le Fèvre, Ingén. en Chef de la Généralité de Caen.	1774-75
56.	II.	Id.	1775-76
57.	III.	Id.	1776-77
58.	IV.	Id.	1777-78
59.	V.	Id.	1778-79
60.	VI.	Id.	1779-80
61.	VII.	Id.	1780 81
62.	VIII.	Id.	1781-82
63.	IX.	Id.	1782-83
64.	X.	Id.	1783-84
65.	II.	Duperré de Lisle, Ecuyer, Lieut.-Général du Bailliage de Caen.	1784-85
66.	III.	Id.	1785-86
67.	IV.	Id.	1786-87
68.	I.	Bellanger, Profes. émérite d'Eloquence, Censeur Royal, et Bibliothécaire de l'Université.	1787-88
69.	II.	Id.	1788-89
70.	III.	Id.	1789-90
71.	IV.	Id.	1790-91
72.	V.	Id.	1791-92

Cette liste, qui renferme 72 *Directorats*, ne contient cependant que les noms de quarante-deux Académiciens, car plusieurs d'entr'eux ont occupé la place de Directeur, à diverses reprises. Leurs noms, dans la liste, sont précédés de chiffres Romains indiquant le nombre de fois. Les Directeurs pour les Années 1706-7 et 1732-33 me sont seuls restés inconnus.

TROISIÈME LISTE.

<>

SECRÉTAIRES DE L'ACADÉMIE

DEPUIS 1675 JUSQU'EN 1792.

1°. Du temps de Segrais et de MM. de Croisilles et Foucault.

1. MM. Jean DE CARBONNEL. 1675-1685
2.   LE SENS DE MONS. . . . . 1685-16..
3.   BELIN, Curé de Blainville. . . . . 16..-1714

2°. Depuis le rétablissement de l'Académie en 1731 jusqu'à
sa suppression en 1792.

4.   DE LA DUCQUERIE (Jean-François).. . . 1731-1734

5.   DE LA DUCQUERIE (J.-F.). . . . .
       2°. *Secrétaire* (Adjoint n'ayant de différence
         que le rang d'ancienneté).
    DU TOUCHET. . . . .   } 1734-1754

6.   DE LA DUCQUERIE (J. F.), Secrétaire.
       2°. *Secrétaire* [*Adjoint*].
    Ch.-G. PORÉE [dans le courant de l'année
    reste seul]. 24 janvier 1754. . . . . . } 1754

6. bis. Ch.-G. PORÉE.. 1754-1760
7.   MASSIEU DE CLERVAL. 1760-1762
8.   ROUXELIN. 1762-1773

9.   ROUXELIN, Secrétaire. . . . .
        Secrétaire-Adjoint.
    MOYSANT. . . [reste seul en 1774]. . } 1773-1774

9. bis. MOYSANT. 1774-1792

QUATRIÈME LISTE.

◆

LECTEURS DE L'ACADÉMIE.

DEPUIS 1705 JUSQU'EN 1792.

Je n'ai trouvé que deux Académiciens ayant porté ce titre, ce sont :

1°. **MM.** L'Abbé Hébert, depuis 1705 jusqu'à sa mort, arrivée en 1751.

2°. L'Abbé Bouisset, depuis 1762 jusqu'en 1782 (*).

(*) Jean Bouisset, né à Balleroy en 1735, fut, avant la Révolution, Professeur de Rhétorique au Collége du Bois, Chanoine de l'Eglise de Bayeux, et depuis devint Professeur de littérature au Collége de Caen et membre de l'Académie des Sciences, Arts et Belles-Lettres de Caen lors de l'établissement de cette Société, qui succéda à l'ancienne Académie des Belles-Lettres. Mort le 5 juillet 1825.

CINQUIÈME LISTE.

-◇-

MEMBRES TITULAIRES DE L'ACADÉMIE,

DANS LEUR ORDRE DE RÉCEPTION,

DEPUIS 1731 JUSQU'EN 1792.

———

(V. la liste des membres en 1731, ci-dessus, p. 78).

1731-1734.

1. MM. DE LA LONDE, ancien Officier et alors Drapeau-Colonel du Régiment de Mons (*).
2. GODEFROY, Professeur de Rhétorique au Collège des Arts.
3. MALOUIN, Chanoine du St. Sépulchre et Professeur Royal de Langue Grecque.
4. BUQUET, Curé de St.-Sauveur, Docteur en Théologie, Proviseur du Collège des Arts.
5. DU TOUCHET, Avocat.
6. OUTHIER, Chanoine de Bayeux, de l'Académie de Berlin et Correspondant de celle de Paris.

(*) V. la *Notice biographique sur François-Richard De La Londe*, par M. Latrouette, Docteur ès-lettres, ancien Professeur suppléant à la Faculté des Lettres, Membre de l'Académie des Sciences, Arts et Belles-Lettres, Membre de la Société des Antiquaires de Normandie, dans les *Mémoires de l'Académie des Sciences, Arts et Belles-Lettres de Caen*, pour l'année 1851, p. 29-46, et surtout l'édit. in-8°. de 78 p., avec portrait, que j'ai donnée en 1850, laquelle est augmentée de nombreuses et intéressantes Notes par l'Auteur.

1735-36.

7. MM. De Beljambe de Longrais, Docteur et Profes. en Médecine, Recteur de l'Université.

> (Nommé le 24 novembre 1735, à la place de M. de Croisilles.)

8. L'Abbé de Canchy, Lieutenant-Géneral au Bailliage.

> (Nommé le 1er. décembre 1735, à la place de M. de St.-Clou.)

1740-41.

9. De Caligny de Gruningue, Ingénieur en chef à la Hougue.

> (Nommé le 17 novembre 1740.)

10. Costard d'Ifs.

> (Nommé le 29 décembre 1740, à la place de M. Belin.)

11. Moisson d'Urville, Avocat du Roy.

> (Nommé le 29 décembre 1740, à la place de M. d'Entremont.)

12. Blouet de Than, Conseiller honoraire en titre au Bailliage.

> (Nommé le 29 décembre 1740, à la place de M. de Charsigné.)

1742-43.

13. L'Abbé Le Guay de la Mare, Profes. de Philosophie au Collège du Bois.

> (Nommé le 13 décembre 1742, à la place de M. Hallot.)

14. Bocquet du Hautbosq, Inspecteur du Commerce et des manufactures de la Généralité de Caen.

> (Nommé le 13 décembre 1742, à la place de M. de Mons.)

15. MM. Riboult-des-Pins , Docteur aggrégé en la Faculté
de Médecine.

> (Nommé le 13 décembre 1742, à la place de M. Beljambe
> de Longrais, M. Riboult-des-Pins donna sa démission
> en 1749, et fut rétabli en 1754.)

1745-46.

16. L'Abbé de Touchet de Beneauville.
> (Nommé le 2 décembre 1745, à la place du Chevalier
> de St.-Jory.)

17. Blot , Professeur en Médecine.
> (Nommé le 2 décembre 1745, à la place de M.
> l'Abbé Godefroy.)

1746-47.

Le 11 mai 1747, M. De La Londe qui s'étoit absenté de
l'Académie depuis 1734 reprit son ancienne place et lut une
paraphrase en vers françois du beau psaume : *Dominus re-
gnavit, exultet terra, etc.*

1753-54.

18. Desmortreux , Docteur et Profes. en Medecine.
> (Nommé le 6 décembre 1753, à la place de M. Des-
> granges.)

19. De la Mare , Avocat.
> (Nommé le 6 décembre 1753, à la place de M. Feron.)

20. Massieu de Clerval.
> (Nommé le 20 décembre 1753.)

21. Chibourg , Docteur en Médecine.
> (Nommé le 20 décembre 1753, à la place de M.
> Hébert.)

22. Du Menil-Morin.
> (Nommé le 24 janvier 1754.)

23. MM. Le Forestier, Baron, d'Osseville, etc., et Chevalier de St.-Louis, Ingénieur en chef des villes
et château de Caen.
(Nommé le 9 mai 1754.)

1755-56.

24.   De Touchet de Courcelles.
(Nommé le 13 novembre 1755.)

25.   Godard, Profes. Royal d'Eloquence.
(Nommé le 13 novembre 1755.)

26.   De Hautéclaire.
(Nommé le 13 novembre 1755.)

1758-59.

27.   Manchon, Curé de Chicheboville.
(Nommé le 26 avril 1759.)

28.   Le Paulmier-Duclos, Profes. Royal en Droit.

29.   Le Lorier, Docteur aggrégé aux Droits.

1759-60.

30.   De la Berardière, 2me. Avocat du Roy au Bailliage
de Caen.

31.   Desmoueux, Profes. Royal de Médecine et actuelle-
ment Recteur de l'Université.

32.   Fouquet, Démonstrateur de Chimie.

33.   De Laveyne, Ingénieur des Ponts et Chaussées.

1761-62.

34.   Gateblled, Profes. de Philosophie au Collège des
Arts.

35.   L'Abbé Bouisset, Profes. de Rhétorique au Collège
du Bois.

36.   Rouxelin, Procureur du Roy pour les Eaux et Forêts.

1763-64.

37. MM. De la Rue, Avocat.
38.   Le Clerc, Avocat.
39.   Duperré de Lisle, Avocat.

1764-65.

40.   Moysant, Profes. d'Eloquence au Collège du Mont.
41.   Le Page, Avocat.

1766-67.

42.   Viallet, Ingénieur du Roy pour les Ponts, Chaussées et Ports maritimes de la Généralité de Caen, de la Société littéraire de Châlons.
43.   De la Pleignière, Ecuyer du Roy, Directeur de son Académie d'équitation de Caen, Commandeur de l'ordre de St. Lazare.

1768-69.

44.   Des Hayes, Profes. d'humanités au Collège du Bois.
45.   Beziers, Chanoine du St. Sépulchre.
46.   Louvel, Profes. d'humanités au Collège des Arts.
47.   Boisard, Secrétaire de l'Intendance.

1769-70.

48.   Aubray, Chirugien.

1770-71.

49.   L'Abbé le Moyne.
50.   Deschamps, Professeur Royal de Chimie.

1772-73.

51. MM. Le Fèvre, Ingén. en Chef de la Généralité de Caen.

1773-74.

52. Le P. Thoury de l'Oratoire.
(Ancien *Surnuméraire* prenant rang parmi les titulaires, avant M. Le Fèvre, Ingénieur.)

1774-75.

53. Bellanger, Professeur d'Eloquence au Collège du Bois, ancien Recteur.
54. L'Abbé Marescot, Chanoine d'Auxerre.
55. L'Abbé Le Prestre.

1777-78.

56. De Villers, Recteur, Docteur en Théologie et Professeur au Collège du Bois.

1778-79.

57. Roussel, Professeur en Médecine.

1781-82.

58. De Demouville, Capitaine au corps royal du Génie.
59. Le Forestier de Vendoeuvre.
60. Pelosi.
61. Picot, Chanoine.
62. Le Cavelier, Avocat.
63. Vastel, Docteur en Droit.

(Cinq places vacantes.)

1782-83.

64. Le Chevalier Ballias de Laubarède, Commissaire ordinaire des guerres.

65. MM. De Brémontier, Ingénieur en chef des Ponts et
Chaussées.

(Deux places vacantes.)

1784-85.

66. Le Harivel de Gonneville, Lieutenant-général de
Police.
67. Le baron d'Ecramville.
68. Didier, Ingénieur des Ponts et Chaussées.
69. L'Abbé de la Rue, Professeur d'histoire.
(Il ne se trouve porté sur la liste des membres qu'en
1787-88.)

1786-87.

70. Le Tellier de Vauville, Conseiller au Bailliage.
71. Le Masson de Morvilliers, Avocat, Secrétaire
du Gouvernement de Normandie.
72. Longuet, Négociant.
73. De St.-Jean de Crèvecoeur, Consul de France à
New-York.
74. Le Picart de Prébois, Avocat, de l'Académie
de Rouen.
75. De la Prise, Avocat, de l'Académie de Rouen.
76. De la Ville, Avocat.

1788-89.

77. De la Prise, le jeune.

1789-90.

78. Charlier.

1790-91.

79. Baybux, Procureur-général, Syndic du département du Calvados.

SIXIÈME LISTE.

SURNUMÉRAIRES

DEPUIS 1731 JUSQU'EN 1773.

(Voir la liste des Surnuméraires en 1731, ci-dessus p. 80).

1734-35.

1. Le R. P. FORESTIER , Jésuite.

1736-37.

2. Dom GILBERT DE SAINT-AFFRIQUE.
   (Nommé le 4 juillet 1737.)

1837-38.

3. Dom CASAUX, Prieur de l'Abbaye de Beaumont-en-Auge.
   (Nommé le 22 mai 1738.)

1738-39.

4. Le R. P. GEFFROY, Jésuite . Professeur de rhétorique au Collége Royal de Bourbon [Collège des jésuites à Caen].
   (Nommé le 20 novembre 1738.)

1739-40.

5. Dom DU PIRE.
   (Nommé le 4 juillet 1740.)

1742-43.

6. Le R. P. DU PARC , Jésuite , Professeur en leur Collège à Caen.
   (Nommé le 13 décembre 1742).

1753-54.

7. Dom Blavet, Bénédictin.
    (Nommé le 13 décembre 1753).

8. Le R. P. Chardin, Jésuite, devenu *Associé* en 1756,
    lorsqu'il fut nommé Profes. d'Hydrographie à Nantes.
    (Nommé le 13 décembre 1753).

9. Le R. P. Fretfond, Jésuite, Professeur de Philoso-
    phie en leur Collège de Caen.
    (Nommé le 13 décembre 1753).

1755-56.

10. Le R. P. Rondel, à la place du P. Chardin.
     (Nommé le 1er. février 1756).

11. Dom Ygou, Bénédictin de l'Abbaye de Troarn.
     (Il figure plus tard parmi les *Titulaires.*)

1764-65.

12. Dom Morène, Sous-prieur de l'Abbaye de St.-Etienne.

1765-66.

13. Dom Davoust, Prieur de l'Abbaye Royale de Fontenay
     près Caen.

1771-72.

14. Le P. Thoury, de l'Oratoire.

A partir de 1773, le **P.** Thoury prend place parmi les titulaires, et je n'ai plus rencontré dans la suite aucune classe
spéciale pour les Surnuméraires. Il est probable qu'à cette
époque elle fut supprimée.

SEPTIÈME LISTE.

◇

MEMBRES ASSOCIÉS

DEPUIS LEUR CRÉATION EN 1753-54 JUSQU'EN 1792.

———

(Le titre de *membre associé* ne fut créé qu'en 1754 : jusque là
les membres avaient porté les titres de *Surnuméraires* ou d'*Honoraires*).

1. MM. HELVÉTIUS (Claude-Adrien).

> (Reçu d'abord comme *Surnuméraire* (28 novembre
> 1737), ensuite qualifié de *membre honoraire*, et
> enfin devenu le premier *membre associé* de l'Aca-
> démie de Caen.)

1747-48.

2. TITON DU TILLET, Premier Maître d'hôtel de Madame
la Dauphine.
> (Nommé le 14 mars 1748.)

1748-49.

3. RESTOUT (Jean), Peintre du Roy et Recteur-adjoint
de l'Académie Royale de Peinture et de Sculp-
ture de Paris.
> (Nommé le 6 février 1749.)

1749-50.

4. MM. De Croslys, Capitaine au Régiment de Rooth.
(Nommé comme *honoraire* le 10 décembre 1750.
Une note écrite sur le *Registre de l'Académie* fait
connoître qu'il ne persévéra pas.)

1753-54.

5. Le Cte. de Tressan, Lieutenant-Général des Armées
du Roy de Pologne, en Toulois, Barrois et Lor-
raine Françoise, Commandant à Toul, Membre
des Académies Royales des Sciences de Paris, de
Londres, de Berlin, d'Edimbourg, de Mont-
pellier, de Nancy.
(Nommé le 4 avril 1754.)

6. Le Cte. de Blangy, Aide-Major aux Gardes-Fran-
çoises.
(Nommé le 25 avril 1754.)

7. Le Président Henault, Honoraire au Parlement de
Paris, Surintendant de la maison de la Reine, et
l'un des quarante de l'Académie Françoise.
(Nommé le 28 juin 1754.)

1754-55.

8. Du Bocage de Bléville.
(Nommé le 21 novembre 1754.)

9. De la Soudextrie, Conseiller en la cour des
monnaies de St.-Lo.
(Nommé le 21 novembre 1754.)

10. De Brucour.
(Nommé le 21 décembre 1754; mais il ne se trouve
pas sur la liste, parce qu'il mourut le 17 novembre
1755.)

1755-56.

11. MM. Le Duc DE ST.-AIGNAN, Pair de France, Gouverneur du Havre, de l'Académie Françoise, et Honoraire de celle des Inscriptions et Belles-
Lettres.
(Nommé le 13 novembre 1755.)

12. GUIS.
(Poéte, né à Marseille. Nommé le 15 janvier 1755.)

13. DESFORGES-MAILLARD.
(Nommé le 15 janvier 1755.)

14. Le R. P. CHARDIN, ancien *surnuméraire* de l'Aca-
démie de Caen, Professeur d'Hydrographie à
Nantes.
(Nommé le 15 janvier 1755.)

15. FRÉRON, des Académies d'Angers, de Nancy et de
Montauban, Auteur de l'*Année littéraire*.
(Nommé le 15 janvier 1755.)

1756-57.

16. DE LA LANDE, de l'Académie des Sciences de Paris
et de Berlin.
(Nommé le 18 novembre 1756.

17. DE PONS, homme de lettres.
(Nommé le 18 novembre 1756.)

18. MICHAULT, Censeur Royal, Membre de la Société
littéraire de Dijon.
(Nommé le 18 novembre 1756.)

1757-58.

19. L'Abbé YART, de l'Académie des Belles-Lettres de
Rouen.
(Nommé le 1er. décembre 1757.)

20. COURVAISIER, Secrétaire de l'Académie d'Angers,
Membre-Associé de celles de Nancy, et de la

Rochelle, de la Société littéraire et militaire de Besançon, et de celle d'Orléans.

(Nommé le 26 janvier 1758.)

21. MM. Turben, auteur du *Conservateur*, ouvrage périodique.

(Nommé le 12 juin 1758.)

1758-59.

22. Thorel de Champigneules, Garde-du-Corps du Roy, de la Société littéraire de Ville-Franche, et de la Société littéraire et militaire de Besançon.

(Nommé le 4 décembre 1759.)

23. Le Monnier, Astronome du Roy, et de l'Académie des Sciences.

(Nommé le 29 novembre 1759.)

24. D'Arnaud, Conseiller d'Ambassade du Roy de Pologne, Electeur de Saxe, de l'Académie des sciences et belles-lettres de Prusse.

(Nommé le 29 novembre 1759.)

1759-60.

25. Valmont de Bomare, Démonstrateur en histoire naturelle, à Paris.

26. Du Perron, Ingénieur des Ponts et Chaussées.

1760-61.

27. L'Abbé de la Ville, Grand-Chantre d'Appoigny en Bourgogne, Physicien et Opticien du Roy de Pologne.

28. Elie de Beaumont, Avocat à Paris.

1762-63.

29. Pidausat de Mairobert, Censeur Royal, et Commissaire de la Marine, à Paris.

1763-64.

30. MM. Piron.
31.   Le Chevalier de Turgot, Gouverneur de Cayenne
         et de la Guyane, Brigadier des Armées du Roi.

1764-65.

32.   Le Baron de St.-Supplix.
33.   Pigolt.
34.   De la Fargue.
35.   Le Marquis de St.-Agnan.

1765-66.

36.   Le Marquis de Croismare.
37.   Le Comte de Saluces, des Académies de Londres
         et de Turin.
38.   Chardon. Conseiller au Parlement de Paris, et
         Intendant de la Marine.
39.   Dornay, Directeur de l'Académie de Rouen, et
         lauréat de l'Académie de Caen pour le prix de
         1765.

1766-67.

40.   Buc'hoz des Académies de Mayence, de Metz,
         et de Rouen.

1767-68.

41.   De la Ville, Avocat au Parlement de Paris.
42.   Maillet du Boulay, Maitre des Comptes, et Se-
         crétaire de l'Académie de Rouen.
43.   Geffroy, Docteur, Régent de la faculté de Mé-
         decine de Paris.
44.   L'Abbé Guyon, Prédicateur du Roy.

1768-69.

45.   Restout (Jean-Baptiste), fils de Jean Restout
         Peintre du Roy, et peintre lui-même.

1769-70.

46. MM. Le Trosne , Avocat du Roy à Orleans.
47.   Dupont , de plusieurs Sociétés.
48.   Le Chandelier , de l'Académie de Rouen.

1770-71.

49.   Le Baron d'Aigailliers , Aide-Major du Régimen
    de Forès , de la Société des Arcades de Rome .
50.   Béguillet , Avocat , des Académies de Metz , etc.

1771-72.

51.   De Reyrac , Prieur-Curé de St.-Maclou d'Orléans.
52.   Haillet de Couronne , Lieutenant-général cri-
    minel à Rouen , et Secrétaire de l'Académie de
    Rouen.
53.   Miret , de l'Académie de Dijon.
54.   De Bernieres , Controlleur des Ponts et Chaussées.

1474-75.

55.   L'Abbé Dicquemare.
56.   De Saci , Censeur Royal.

1775-1778.

57.   Marrigues , Chirugien à Montfort-l'Amaury.
58.   Groult , Procureur du Roy de la Marine à Cher-
    bourg.
59.   De Chanterbine , à Cherbourg.
60.   Beguier , Ingénieur en Chef à Cherbourg.
61.   Le Pecq de la Cloture , Docteur en Médecine.
62.   Odoland-Denos , Médecin.
63.   Le Vicomte Toustain de Richebourg.
64.   Des Essards , Avocat.

1778-79.

65.   Dom Le Noir.
    (Il ne se trouve porté sur la liste qu'en 1780-81.)

66. MM. Dom Blanchard, Bénédictin de l'Abbaye de St. Etienne.

67.   Le Président de Folleville.

1779-80.

68.   Gonlin, Docteur Médecin.

1781-82.

ANCIENS TITULAIRES N'HABITANT PLUS LA VILLE.

69.   De Hautéclaire.
70.   De Laveyne, Ingen. des Ponts et Chaussées.
71.   Bouisset, Chanoine de Bayeux.
72.   Le Clerc, Avocat à Rouen.
73.   Boisard, Secrétaire des Conseils de Monsieur.
74.   L'Abbé le Moyne.
75.   L'Abbé Marescot, Chan. d'Auxerre.
76.   L'Abbé Le Prestre.

ASSOCIÉ.

77.   Cotton des Houssayes.
     (Prenant rang avant le Baron d'Aigailliers.)

1782-83.

78.   Pourçain de Grand-Champ, Avocat au Parlement de Paris, Chevalier des ordres du Roy.
79.   Jeaurat, de l'Académie des Sciences.
80.   Gaucher, Graveur de la Société Royale de Londres, et de l'Académie de Rouen.

1784-85.

81.   Adam, Médecin de M. le Duc d'Orléans.
82.   Hurt de Guerville, Avocat au Parlement de Normandie, de la Société littéraire de Cherbourg.
83.   Tarède, Docteur en Médecine à L'Aigle.
84.   L'Abbé de l'Epée
85.   Beauvais de Préau, de plusieurs Académies.
86.   Le Blond.

87. MM. Colombier , Chevalier des ordres du Roy.
88.   Dom Gourdin , Bibliothécaire de l'Abbaye St.-Oüen de Rouen.
89.   L'Abbé d'Amalaric , Vicaire-général de Tulles.
90.   De St.-Martin , Vicaire de Briouze, Médecin consultant de Monsieur , Aggrégé honoraire du Collège Royal de Médecine de Nancy.
91.   Bougon.

1785-86.

92.   Le Guay , de l'Académie des Belles-lettres d'Arras.

1787-88.

93.   Varin , Graveur à Paris.
94.   Varin , Graveur à Paris.
95.   Le Comte d'Albon.
96.   De la Dixmerie.
97.   Frénais.
98.   Rouland, Démonstrateur de Physique à Paris.
99.   Milcent.
100.   Pierres , Imprimeur du Roy.
101.   De Piis , homme de lettres.
102.   De Grainville , Avocat à Rouen.
103.   Le Chevalier de Limoges.
104.   Le Cte. de St.-Cyr.
105.   Le Fèvre Déville , Officier.
106.   L'Abbé Jarry , Docteur en Sorbonne.
107.   Beljambe, Graveur.

1788-89.

108.   Le Chevalier de Crévecœur (ancien titulaire).
109.   Bouchaud.

1789-90.

110. MM. Ponce, Graveur, membre de l'Académie de Rouen.
111.   Poissonnier Desperrières , Conseiller-Clerc au Parlement de Normandie.

HUITIÈME LISTE.

MEMBRES HONORAIRES

DEPUIS 1753 JUSQU'EN 1792.

Les Associés portèrent aussi le titre d'*honoraires* dans les commencements ; mais en 1753-54 ce titre fut restreint à deux membres seulement.

1753-54.

1. MM. L'Abbé DE CANCHY, Lieutenant-général au Bailliage de Caen.

> (Il fut mis au nombre des *vétérans* en 1761-62.)

2.   DE ROCHEFORT.

> (Nommé le 6 décembre 1753).

1760-61.

3.   HUE DE MIROMESNIL, Premier Président au Parlement de Normandie.

> (Nommé le 19 novembre 1761 (anc. *Associé*)).

1788-89.

4.   Le Baron DE FONTETTE, ancien VICE-PROTECTEUR de l'Académie royale des Belles-Lettres de Caen.

NEUVIÈME LISTE.

◇

ACADÉMICIENS VÉTÉRANS

DEPUIS 1753-54 JUSQU'EN 1792.

1753-54.

24 *janvier* 1754.

1. MM. BUCQUET, Curé de St.-Sauveur, Provis. du Coll. des Arts.

2. OUTHIER, Chan. de Bayeux, de l'Académie de Berlin, et Correspondant de l'Académie des sciences de Paris.

1761-62.

3. DE THAN, Curé de Cheux, ancien Directeur.

4. DU TOUCHET, Avocat.

5. L'Abbé DE CANCHY, Conseiller au Parlement de Normandie, Lieutenant-Général au Bailliage de Caen. (Ancien honoraire.)

6. DE CALIGNY DE CRUNINGUE, Ingén. en Chef à la Hougue.

7. L'Abbé DE TOUCHET DE BENEAUVILLE.

8. DUMENIL-MORIN.

9. DE MONTFLEURY. (Se trouve porté vétéran à la liste de 1763-64, mais il est ensuite rangé parmi les *Associés.*)

1764-65.

10. LE FORESTIER, Baron D'OSSEVILLE, Ingén. en chef, Chevalier de l'Ordre Royal et militaire de St. Louis. (Ancien titulaire.)

1777-78.

11. MM. L'Abbé LE MOYNE. (Ancien titulaire.)

M. Dumenil-Morin se trouve être le seul *Vétéran* porté sur la liste de 1792.

DIXIÈME LISTE

—◇—

SUJETS DES PRIX

PROPOSÉS

PAR

L'ACADÉMIE ROYALE DES BELLES-LETTRES DE CAEN

DEPUIS 1759 JUSQU'EN 1792.

L'Académie a mis au concours, depuis 1759 jusqu'en 1792, différents prix , dont les frais furent généreusement faits par :

- M. le Baron DE FONTETTE , Vice-Protecteur de l'Académie et Intendant de la Généralité de Caen ;
- M. le Chevalier DE TURGOT , Gouverneur de Cayenne ;
- M. ESMANGART, Intendant de la Généralité de Caen ; et enfin par MM. les Académiciens.

Je ne me flatte pas d'avoir réuni absolument tous les sujets qui ont été proposés. Voici ceux que j'ai pu recueillir.

PRIX

DONNÉS PAR

M. LE BARON DE FONTETTE, VICE-PROTECTEUR DE L'ACADÉMIE.

Sujet du Prix pour 1759.

7 juin 1759.—M. De La Londe a lu l'annonce du prix dont M. le Vice-Protecteur veut récompenser celui qui aura le mieux réussi à démontrer, savoir :

S'il est plus nuisible qu'avantageux de planter en Normandie des pommiers destinés à produire du cidre dans une bonne terre propre au labour. Ce prix sera une médaille d'or de la valeur de 300 ₶.

Ce fut M. le Menuet, Bachelier en Théologie et Curé de Moon , près St.-Lo , qui remporta le prix.

Sujet du Prix pour 1760.

6 décembre 1759.—M. le Vice-Protecteur a annoncé que le sujet du prix pour l'année prochaine seroit :

La meilleure manière de planter et de profiter de la récolte des pommiers ?

Ce prix a été remporté par M. Desliez, Professeur en Médecine, et Aggrégé de l'Université de Caen.

Sujet du Prix pour 1761.

4 décembre 1760. — M. le Vice-Protecteur annonça le sujet du prix proposé pour l'année prochaine , il a pour titre :

Quelles sont les branches d'agriculture qui sont ou qui seroient les plus avantageuses en Basse-Normandie ?

Le prix fut remporté par le Sieur Guillot, jeune auteur de 22 ans. Il avait conclu que la culture du blé est la base de toutes les autres cultures, de la population , des manufactures, en un mot la force et la richesse de l'Etat.

Sujet du Prix pour 1762.

3 décembre 1761.—Le sujet du prix proposé par l'Académie pour 1762 fut :

Quels sont les moyens de vaincre juridiquement, sans frais et sans nuire aux intérêts des propriétaires, les obstacles que la confusion et l'incertitude des droits de propriété apportent au défrichement des terres incultes ?

Ce prix fut remporté par M. Rouxelin, Procureur du Roy pour les Eaux et Forêts. V. son discours dans une brochure publiée par l'Académie en 1762.

Sujet du Prix pour 1763.

2 décembre 1762. — M. de Fontette annonça pour sujet du prix de l'année prochaine :

Quelles ont été les révolutions du commerce dans la Basse-Normandie, et que peut-on faire pour le rendre aussi florissant qu'il en est susceptible ?

Sujet du Prix pour 1764.

Quels sont les moyens de multiplier les manufactures dans la Basse-Normandie, sans nuire à la culture des terres?

NOUVEAUX PRIX POUR 1764

DONNÉS PAR

M. LE CHEVALIER DE TURGOT, GOUVERNEUR DE CAYENNE.

A la séance de l'Académie du 1er. décembre 1763, M. le Chevalier de Turgot, Gouverneur de Cayenne et de la Guyane a proposé trois prix, savoir :

Le premier Prix de 500 ℔.

Pour celui qui auroit le mieux réussi à saler le bœuf aux moindres frais possibles, et dont la qualité pût soutenir, dans les Colonies, la concurrence avec le bœuf d'Irlande.

Le second Prix de 400 ℔.

A la personne qui auroit envoyé dans nos Colonies une certaine quantité de farines du pays, d'une aussi bonne qualité que les farines Angloises !

Le troisième prix de 300℔.

A celui qui auroit préparé et salé des beurres capables d'entrer dans les Colonies en concurrence avec les beurres d'Irlande?

Ceux qui prétendaient aux prix devaient faire leur envoi à M. de Fontette.

Sujet du Prix pour 1765.

Quelles distinctions peut-on donner aux riches laboureurs, tant propriétaires que fermiers pour fixer et multiplier les familles dans cet état utile et respectable, sans en ôter la simplicité qui en est la base essentielle?

L'Académie a dû distribuer, le même jour, 5 décembre 1765, les trois prix proposés par M. de Turgot. (V. ci-dessus).

Sujet du Prix pour 1766.

*Quelles sont dans un Etat monarchique les qualités distinc-
tives qui doivent caractériser le bon sujet relativement à l'ordre
public?*

Sujet du Prix pour 1767.

L'Académie proposa de nouveau le sujet du prix de 1766.
(V. ci-dessus).

Sujet du Prix pour 1768.

*Y a-t-il eu autrefois en France dans les habillements or-
dinaires des particuliers, une marque distinctive de leur état?
Et si dans une monarchie cette distinction étoit utile, quels
seroient les moyens de la rétablir, et de la perfectionner sans
nuire aux manufactures?*

Sujet du Prix pour 1769.

*L'Eloge de M. Huet, ancien Evêque d'Avranches, un des
anciens et premiers membres de l'Académie?*

Sujet du Prix pour 1770.

*Quelle est la différence du génie national sous le règne de
Louis XIV, et sous celui de Louis XV, et quelles en sont les
conséquences?* Le prix était une médaille d'or de 300 ₶.

Sujet du Prix pour 1771.

Le même que pour l'année précédente.

A partir de cette époque jusqu'en 1777, je n'ai plus rencontré aucun sujet mis au concours par l'Académie, il est
probable cependant qu'il y en eut quelques-uns. Toutefois,
l'obligation dans laquelle cette Société était de remettre le
même sujet plusieurs fois au concours, montre qu'il y avait
peut-être peu d'empressement à traiter les questions proposées

PRIX

DONNÉ PAR

M. ESMANGART, INTENDANT DE LA GÉNÉRALITÉ DE CAEN (1).

Voici les dernières lignes de l'un des Programmes :

« L'Académie qui n'a aucun fonds pour les *Prix*, est redevable de ceux qu'elle propose, à la générosité de Monsieur Esmangart, Intendant de Caen, à son zèle pour les lettres, et à l'attention avec laquelle il veille aux avantages de la Généralité confiée à ses soins. »

Sujet du Prix pour 1777.

Quelles ont été les principales branches du Commerce de la ville de Caen, depuis le commencement du XIe. siècle et plus particulièrement depuis la réunion du Duché de Normandie à la Monarchie Françoise? Quelles sont celles qu'il seroit le plus facile d'y établir et d'y étendre, relativement au sol du Pays, à ses productions, à ses débouchés actuels, à ceux qu'il est possible de lui procurer, ainsi qu'à ses lois, coutumes et usages; et quels seroient les moyens d'y parvenir?

L'Académie ne décerna pas le prix de 1777, et prolongea le concours pour ce même sujet jusqu'en 1778.

Sujets des Prix pour 1778.

1°. Le même que pour l'année précédente.

Le savant Bénédictin Dom Le Noir traita seulement la première partie de la question de manière à ne laisser rien à désirer; quant à la seconde, il ne s'en occupa nullement. Il y eut d'autres mémoires, mais comme ils ne satisfaisaient pas entièrement, la seconde partie fut remise au concours pour 1779.

(*) Charles-François-Hyacinthe Esmangart, Chevalier, Seigneur des Bordes, de Feynes, Pierrerue et autres lieux, Conseiller du Roi en ses Conseils, Maître des Requestes honoraire de son Hotel; Intendant de Justice, Police et Finances en la Généralité de Caen, succéda à M. le Baron de Fontette, et fut remplacé en 1784 par M. Feydeau, Marquis de Brou.

2°. Autre Prix , de 400 ₶.

Quels sont les arbres , les arbustes et les plantes qui , croissant sur le bord de la mer, sans avoir néanmoins besoin d'en être baignés à toutes les marées , pourroient être employés à la construction des Digues et Epis nécessaires sur les côtes et le long des rivières dans lesquelles la mer monte , pour défendre de ses irruptions les terrains qui les bordent? Quelle est la culture de ces arbres , arbustes et plantes, et quel seroit le meilleur moyen à employer pour en former les Digues à la fois les plus économiques, et les seules susceptibles d'une résistance constante et progressive?

Ce prix ne fut pas décerné en 1778, l'Académie considérant que cette matière demandait de grandes discussions et que les auteurs qui s'en occupaient avaient demandé un délai pour faire des expériences, accorda jusqu'au 2 décembre 1779.

Sujets des Prix pour 1779.

Deux prix de 400 ₶.

1°. La seconde partie de la question proposée en 1777.

Quelles sont les branches de commerce qu'il seroit le plus facile d'établir à Caen, etc.? (V. ci—contre.)

2°. Le sujet proposé pour 1778.

Quels sont les arbres , les arbustes et les plantes , etc. (V. ci-dessus.)

Ce dernier Prix fut remporté par M. Noel , Ingénieur-Géographe à Cherbourg. L'ouvrage de cet auteur est intitulé : *Recherche sur la construction et la meilleure disposition des Digues , pour les rendre capables de résister à la mer.* A Caen chez Manoury l'aîné , libraire, Rue Saint-Jean, 1781 ; in-8°. de 144 p. avec planches.

A partir de cette époque jusqu'en 1786 je n'ai pas trouvé d'autres sujets proposés.

PRIX

DONNÉS PAR

MESSIEURS LES ACADÉMICIENS.

Le programme de 1787 porte les lignes suivantes :

« Les Membres de l'Académie animés par le zèle du bien public, et voulant encourager ceux qui peuvent y contribuer, avaient fait entr'eux le fonds d'un Prix de quatre cents livres, qui devait être donné à la séance de Décembre dernier. »

Sujet du Prix pour 1786.

Existe-t-il des mines de Charbon de terre dans les environs de la ville de Caen, et quels sont les moyens les plus économiques à employer pour leur exploitation?

Sujet du Prix pour 1787.

Le même sujet que l'année précédente.

Tels sont les sujets des prix proposés par l'Académie des Belles-Lettres de Caen que j'ai pu recueillir çà et là.

ADDITIONS.

A la page 18, note 17, V. in Jacobi Mosanti Briosii Epistolis, Cadomi apud Joannem Cavelier M. D C. LXX. ; epistolam quæ præfigitur Cornelio Viqmanno, Cadomensi Medico.

A la p. 27, on lit, à la ligne 6 , que l'Académie à cette époque porta les noms de *Société des Notables* ou d'*Académie de M. de Segrais.* Je ne crois pas cependant que ces deux Sociétés fussent *unum et idem.* Les Notables étaient bien à peu près tous Académiciens, mais leurs assemblées, qui avaient lieu le mardi , étaient presque toujours accompagnées de repas dans lesquels un vin généreux inspirait les disciples d'Apollon. Du moins c'est ce que me portent à croire certains couplets chantés dans ces circonstances. Je possède encore 22 couplets de ces chansons satiriques et bachiques tout à la fois.

A la p. 32, note 6, ligne 22, on trouve dans le *Trésor de Littérature* beaucoup de renseignements sur la *Thélémité.* V. entr'autres la p. 290 de l'année 1741.

ERRATA.

A la p. 14, ligne 19. Etienne Morin (40), *lisez* (42).

A la p. 31, 2e. note, ligne 10 , *lisez* ligne 22.

A la p. 86, ligne 13 (31) , *lisez* (32).

A la p. 92, ligne 15 (32) , *lisez* (33).

A la p. 94, note 19, 2e. ligne, le 22 juin , *lisez* le 22 mai ; id. Reçu Jésuite, *lisez* Entré au noviciat des Jésuites. — 3e. ligne. Mort le 19 février , *lisez* le 26 février.

A la p. 106 au bas de la p. quarante-deux Académiciens, *lisez* quarante et un (en comptant les deux noms inconnus).

Achevé d'imprimer le 25 juillet

M D CCC LIV.

NOTICE

SUR LES

DOCUMENTS INÉDITS

POUR SERVIR A L'HISTOIRE DE L'ANCIENNE ACADÉMIE ROYALE

DES BELLES-LETTRES DE CAEN,

annotés et publiés

Par M. A.-R. R. DE FORMIGNY DE LA LONDE.

L'Académie des sciences, arts et belles-lettres de Caen, a maintenant plus de deux siècles d'existence. Si le simple aperçu de ses vicissitudes n'est pas sans intérêt, que sera-ce de son histoire, quand elle aura paru? Pour mon compte, j'ai suivi attentivement les phases de sa vie quelquefois troublée et interrompue, telles que nous les représente fidèlement l'esquisse de M. Richard de La Londe, un de ses anciens membres les plus distingués. Aussi vais-je, de bon cœur, rendre un compte sommaire de la publication que son arrière-petit-fils vient d'en faire. C'est pour le jeune éditeur et annotateur une bonne entrée dans la voie littéraire; c'est commencer avec modestie par être agréable et utile.

On savait déjà qu'un ancien conseiller au Parlement de Metz, Moysant de Brieux, avait ennobli les loisirs de sa retraite en invitant des gens d'esprit et de savoir qui se rendaient, tous les lundis, en la boutique du libraire Le Bourgeois, pour y lire la gazette et s'enquérir des nouvelles littéraires, à se réunir plus commodément en son hôtel, place St-Pierre, au centre même de la ville.

Ce magistrat, qui a laissé un recueil de vers latins presque aussi jolis qu'un Français puisse les faire, convia donc en sa demeure (l'hôtel du Grand-Cheval, aujourd'hui l'hôtel de la Bourse), quelques savants et lettrés de Caen : Le Paulmier de Grentemesnil, Graindorge de Prémont, Halley et autres.

Dès l'année 1652, l'Académie naissante s'installa chez cet honorable hôte. Puis, cette compagnie ne tarda pas à recruter d'autres notabilités scientifiques et littéraires : Bochart, Huet, Ménage, Tanneguy-Lefèvre, Segrais, Patris. Toutefois, cette société s'étant restreinte à l'étude des belles-lettres, Huet et Graindorge, amateurs des mathématiques et de la physique, créèrent une nouvelle Académie dite *Académie de physique*. Établie en l'année 1664, elle exista jusqu'en 1676, où mourut Graindorge, un de ses fondateurs.

Les sciences physiques et naturelles furent plus tard cultivées, concurremment avec les lettres, par l'Académie. Il appartient à son futur historien de préciser l'époque de ce nouvel état de choses, qui dut vraisemblablement précéder la séance du 20 décembre 1708, où fut lue une dissertation sur les causes des différents phénomènes dans la chute des corps. Les extraits des procès-verbaux des séances attestent que, au sein même de l'Académie, on fit quelques expériences de l'électricité et des lames de verre, le 15 janvier 1711.

Le coup d'essai de Moysant de Brieux avait été un coup de maître. Après sa mort, arrivée en juin 1674, François de Matignon, lieutenant-général du Roi, continua à l'Académie l'hospitalité qu'elle avait reçue de son digne prédécesseur. Mais ce généreux hôte mourut dès l'année 1675.

Alors Regnaud de Segrais recueillit, dans son hôtel situé rue de l'Engannerie, cette société qui s'était momentanément dispersée : aussi la nomma-t-on l'*Académie de M. de Segrais*. Parmi ses membres à cette époque, ou remarque Segrais, Galland, Petit, Pyron, Gouffrey.

A la mort de l'illustre poète qui eut lieu, le Vendredi-Saint 25 mars 1701, l'Académie se retrouva sans asile : de là, nouvelle dispersion et profond sommeil durant trois ans. Enfin le président de Croisilles, beau-frère de Segrais, l'abrita de nouveau, et la séance d'ouverture, pour son rétablissement, date du 7 janvier 1704.

Cette vie instable et précaire ne convenait point à un corps savant. C'est pourquoi un homme instruit et bienveillant , Nicolas-Joseph de Foucault, intendant de la Généralité de Caen, se préoccupa de cette situation anormale. En effet, au mois de janvier 1705, il obtint de Louis XIV des lettres-patentes qui établirent cette société sous le titre d'*Académie royale des belles-lettres*, composée de trente membres titulaires et de six surnuméraires. Ses dignitaires et officiers étaient un protecteur, un directeur, un secrétaire et un lecteur. Elle avait des séances publiques pendant neuf mois de l'année, sans compter les réunions particulières de chaque semaine. Il était aussi d'usage que, tous les ans, un des académiciens fît le panégyrique de Louis XIV. Dans la liste des titulaires de cette période, on distingue de Foucault, de Canchy, et dans celle des surnuméraires le P. Martin.

En 1714, l'Académie cessa encore de s'assembler. Ce fut un nouveau sommeil de dix-sept années, car il ne cessa qu'en 1731, où elle fut rétablie par Paul d'Albert de Luynes, évêque de Bayeux. Ce prélat affecta spécialement aux séances de cette société une salle de son palais, rue Neuve-St-Jean.

Mgr de Luynes étant devenu archevêque de Sens, l'Académie fut privée encore une fois de son lieu de réunion, en 1752. Blouët de Than, maire de la ville, ainsi que les échevins, offrirent à cette compagnie un logement dans l'Hôtel-de-Ville, ce que tous les membres acceptèrent avec reconnaissance. Dans la liste des académiciens de 1731 à 1759, où s'arrête le manuscrit de Richard de La Londe, brillent à côté du sien les noms de Gabriel Porée, curé de Louvigny, et du P. André, jésuite.

Par malheur, M. de La Londe n'a mentionné que les séances de rentrée, où l'éloge de Louis-le-Grand tient justement la première place ; de sorte que son aperçu ne donne pas une idée nette et satisfaisante du mouvement scientifique et littéraire. Pour combler la lacune, qu'est donc devenue l'histoire de l'Académie que Lecocq de Biéville lut dans les séances des 7 avril, 17 novembre et 1er décembre 1740 ?

Quoi qu'il en soit, nous savons gré au jeune éditeur de ce qu'il a fait, car il a ouvert la voie à travers des régions presque entièrement ignorées. Sa sollicitude va jusqu'à indiquer les sources de renseignements à prendre ; par exemple , les poésies de la Douëspe, sieur de St-Ouen.

Remercions-le aussi d'avoir donné la vignette avec l'ancienne devise de l'Académie : *Je renais pour ne plus mourir*, figurée par un vieux tronc d'arbre d'où partent de jeunes rameaux, et d'avoir terminé sa brochure par les listes des protecteurs et des vice-protecteurs de cette compagnie, de ses directeurs, secrétaires, lecteurs, membres titulaires, surnuméraires et membres associés. Parmi les titulaires de la dernière nomenclature, nous avons revu, avec un souvenir aussi cher que respectueux, le nom de l'abbé Bouisset, qui fut notre excellent et bien-aimé professeur de rhétorique et de littérature latine, et les noms des abbés Bellanger et de La Rue, qui furent aussi nos maîtres.

En somme, le livre publié par le jeune éditeur est intéressant et utile. Ses notes sont précises, son style est parfaitement approprié, toujours clair et correct. Dans de longues listes de noms où d'autres éditeurs moins attentifs auraient fait beaucoup de cacographie, nous n'avons aperçu que très-peu d'inexactitudes. En un mot, ce travail a été fait avec soin, et fait honneur au jeune écrivain. Ses patientes recherches, le classement intelligent et la mise au jour de documents utiles à l'histoire d'une société qui nous est chère, ont un droit particulier à nos remerciments.

F.-A- DE GOURNAY.

(*Extrait du journal* l'**Ordre et la Liberté**.)

Caen, Imp. DELOS, cour de la Monnaie.

www.ingramcontent.com/pod-product-compliance
Ingram Content Group UK Ltd.
Pitfield, Milton Keynes, MK11 3LW, UK
UKHW020243090726
13614UKWH00008B/498